赢单
WIN！

倪建伟_著

九州出版社
JIUZHOUPRESS

S1651 赢单体系思维导图

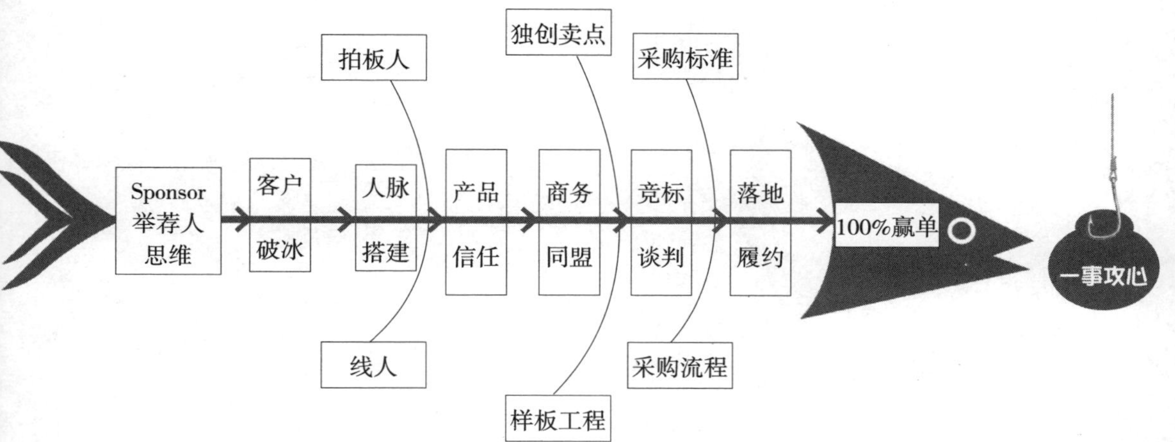

目 录

序 言

成为销售高手，你需要一张作战地图

无论我们条件如何，是否准备好，从踏入社会的那一刻起，我们就进入了一个最深奥也最难的游戏——生存游戏。

在游戏之中，我们是主动还是被动，方法得当还是无效，决定了我们能否成为游戏的主角，决定了我们能不能在这个社会更好地生活。

没有谁会命中注定穷困潦倒或是富甲一方，是一事无成或是成就斐然，最终活成了什么样，关键在于你选取了什么样的方法和策略。方法和策略选对了，则功成名就；选错了，则辛苦前行，收获甚少，也可能一败涂地。

所以，你必须不断学习，从失败中摸索经验，寻找突破。你要知道，在通往成功的道路上，什么事情该做，而什么事情绝不能做；什么时候该进，而什么时候该退。你要适当地运用策略，打通各个环节，这样，才能获得最终胜利。尽管不是每个人都能达到人生的最高境界，但那些目标明确、策略得当、一往无前的实干者可以在局部区域形成自己的优势，掌握自己的命运。

销售既是一种职业，也是生存游戏中的一个工具、一个机会、一个平台，无数人靠销售实现了自己想要的生活，但在销售中，我们也经常会遇到一些问题，比如：

如何才能快速找到潜在的目标大客户群？

如何在一出场就能吸引客户对我们产生兴趣？

如何用几句话就能探索出客户的真正需求？

如何接近客户的老总并获得他的支持？

如何对付竞争对手的恶意价格战？

如何把自己的产品优势转化为竞争优势，锁定胜局？

如何确保自己锁定的项目能百分之百中标赢单？

如何与客户建立长期友善的关系，并让客户不断复购？

如何提高打单效率，在单位时间内最大量出业绩？

…………

这样的问题，哪怕再小，也如巨石一样挡住了我们的去路。如果能解决，我们则进入下一个阶段；如果不能解决，则会被困在原地，眼睁睁地看着竞争对手领先我们、超越我们。

如今市场和消费者的需求、购买形式都发生了巨大的变化，我们必须与时俱进，快速有力地应对这些变化，否则，昨天的热卖品在明天就可能成为死库存，过去的成功经验可能在下一步就成为我们失败的根源。

几年前，我曾拜访了深圳某个著名的世界500强公司，他们以“客户第一”的理念著称，我旁听了他们内部邀请的讲师给新入职的销售人员所做的培训，在听到培训讲师把客户分为老鹰、孔雀、鸽子、猫头鹰这四种性格类型时，内心有一点惊诧。我没想到，作为世界级的、以研发和销售“双驾马车”著称的超一流公司，居然也用“四种性格类型客户”这样老套的、明显落后于时代且无法指导实战的“旧”销售技巧去引导当今的新型销售员工作。

后来，我培训过的几家国内著名的、某行业顶级的公司的学员告诉我，他们公司也是如此对客户进行分类的。再后来我遇到很多不同行业、不同公司的销售人员、销售总监以及一些企业家，经过交谈发现，他们也都是人云亦云地对客户进行如此分类，甚至有一家上市电气企业专门邀请我去讲一讲“客户的四种性格类型暨对策”的培训课程。

把客户生硬地分成四个类型后，下一步就会针对某一类型的人独有的特点进行精准公关，再以销售技巧促成订单，这是培训讲师们惯用的套路。

但我敢保证，你或你公司的任何一个销售员在销售实战中，都不会使用所谓的“四个类型”去区分客户并以此拿下订单。为什么呢?

通过客户表面透露出的一些细节和特征，就确定这个人是老鹰型、孔雀型、鸽子型还是猫头鹰型，这不是典型的看人看表面吗?

现在，哪怕一个刚刚踏入社会的年轻人也懂得，看人不能只看表面，“知人知面不知心”，表面是看不出什么的，看表面通常只会上当受骗。

但就是这样看人看表面，粗暴地把数以亿计的客户划分为四个性格特征的方法论，居然被很多大公司奉为圭臬，更被无数求知欲很强的销售人员、非销售人员列为必备的识别人的销售技能，不得不说，有点南辕北辙。

人，都是先认知后行动并产生结果的。如果我们学习的是一种效用不大的方法论，用它来指导销售工作，无异于在高速公路上步行，很难到达想去的地方，实现目标。所以在此，我把自己 22 年来的大客户销售经验归纳和提升出来，集结成书，抛砖引玉，希望在一线作战的销售人员不要再受那些似是而非、过时的、无效的销售理论和技巧的误导，能够真正掌握销售技法，获得提升。

在创作这本书时，我一直在思索：我希望给我的读者提供什么？这本书跟其他讲销售的书籍有何不同？它能给读者带来什么切实的好处?

经过总结，我认为有三点需要谈一下：

第一，我希望这本书不是以点带面、以偏概全，而是更具全局化和体系化，指导一线销售人员去赢单。

目前市面上的书中几乎所有的销售理论和技巧都是讲局部、讲线性的，都是从己方某一个点发起，对应目标用户的一个点进行厮杀，成功后再去对焦下一个销售节点，再进行厮杀，如此类推，把所有关键点完成，销售结果便呈现，或成功或失败。著名的 IBM 公司，他们的“七步推销法”就是如此。行业内将其叫作“逐个击破战术”。

这样以“点”到“点”的推销法，在成交环境比较简单、销售品牌比较强大的时候，是容易转化的，因为品牌自带信任加持，销售人员更容易说服消费者购买。但是随着数字经济的发展，市场大环境的变化，销售环境变得越来越复杂，很多销售员都有这样的感触：明明我们的产品很好，价格也适宜，为什么消费者就是不买呢？

这是因为消费端发生了巨大的变化。以前是消费者信息缺乏或者信息不对称，现在的消费端，已经在互联网、短视频等流量加持下，变成了信息过剩。

信息匮乏时代，潜在消费者需要销售员来介绍产品知识，了解产品并形成决策，这个时候，只要销售员肯吃苦，能够每天多跑客户，多推销，业务熟练，掌握产品和客户的基本需求，就能形成大量购买。而在信息过剩时代，消费者对于产品信息，从被动接收变为主动获取，加上疫情等外在交易环境的改变，很多时候我们要同时做到产品、客户、营销、服务等多重因素在线，才能完成交易。所以，一方面传统的销售技巧对消费者的购买决策影响逐渐变小，另一方面销售越来越趋向于在线化，很多人就会感慨：销售越来越难做。

其实，销售不难，难的是总以“点”到“点”，总在用传统的思维从局部入手，妄图去攻克消费者，没有形成更好的大局观。这就好比你身处复杂的路况，总是妄图从一个点摸到另一个点，一旦中间哪一步走错了，就很难顺利到达终点，甚至是越努力，你发现距离你想去的地方越远。这个时候，你需要的就是一张地图，能够让你纵观全局，分辨每一个行进路上的关键点。

销售，就是一条错综复杂的路径，单子越大，需要搞定的难点就越多。这时候，就要先看地图，再定作战策略。而本书，就是你的赢单作战地图。

第二，我希望这是一本全实战书，能够帮助你在任何销售场景下都能找到突破点和实现路径，走向赢。

冒险还是保守？现在去做还是等一等？现在做些什么才能获得领导的支持？我需要采取什么行动才能赢得客户的信任？客户已经内定了竞争对手的方案，我还要不要去背水一战？客户让我降价，否则就买竞争对手的产品，我该怎么办……

无论是做销售工作还是在人生路上，我们总是会遇到各式各样的问题，面对这些问题，我们必须找到突破的方法，否则我们的工作将会停滞甚至失败。

那么，如何才能找到问题的突破点，从而撕开一个口子，扭转局势呢？

我在 2016 年的时候受命开拓一个央企市场，这家央企每年会花约 7500 万元采购我们公司的产品，但是我接触这家的物质采购部门之后，就遭遇了踢皮球。

采购部对我说："你要先入我们的供应商网，你才有资格和我们谈。你现在不是我们供应商网成员，你来找我们也没任何价值，我们不会向供应商网外的企业进行采购的。想入网，你要找商务科，他们负责入网。"

商务科则说："我们是两年进行一次供应商的准入考核，这次准入考核时间已经过去了，你想入网，要在两年之后才能来报名。而且，供应商也不是你想报名就能报名的，必须要经过采购部门的推荐，我们在推荐名单里审核是否准入。”

你看，事情发展到此是不是让人很绝望，没有任何机会了？

实际上我当时真的很绝望，但是销售这个职业是不允许你去等待的，你必须要发现问题且解决问题。于是，我继续周旋于这家央企的这两个部门之间，又反复拜访了更多与之相关的部门，比如使用单位、技术部门、招标部门，总之，不到真正的尘埃落定，我就不会放弃。我如此工作了两个多月，终于在第三个月，技术部的一个工程师对我说：“你不是我们集团的供应商网成员，你肯定用正常途径是拿不到招投标资格的，是没办法参与我们公司的设备采购的，但是，如果使用单位愿意给你提供担保，把你推荐上去，你也可能会获得招投标资格。使用单位原则上是有设备推荐权的，他们也有资格提交一个推荐名单参加招投标。”

经过这位工程师的点拨，我找到了这家客户的突破点，就是服务好使用单位，获得他们认可后，他们把我公司的产品给推荐到招标部门，这样我就能获得参与资格。

具体落实这个突破方法时，我采取了两个行动：

（1）免费帮他们维修以前有故障的产品。

（2）给他们一台样品，和竞争对手的产品在相同的工作环境中轮番使用，测出我公司的产品与竞争品的技术和能耗差距，从而判断孰优孰劣。

经过这两个行动，使用单位看到我公司的产品明显比他们现在正在使用的产品在参数指标上要好得多，于是使用单位就非常乐意地把我公司的产品给推荐上去了，并且在使用单位的某个项目改造上采购了我公司的产品。

你看，是不是无论再困难的销售困局也能找到突破点？

在本书中，我结合了自己 22 年来的大客户销售以及多年为上百家企业做咨询、培训的经验，提出了“S1651”新营销体系，归纳出了不同的人在不同局势、不同场景中的各种突破之法。熟读本书后你会发现，你打单时遇到的所有难题、难点都包含在本书中，而且书中所讲的解决这些问题的方法比你平时用到的更为简单、具体、有效。

20 世纪 60 年代，大多数田径教练都这样指导跳高运动员：跑向横竿，头朝前跳过去。理论上讲，这样做没错，显然你要看着自己跑的方向一鼓作气全力往前冲。可是有个名叫迪克 · 福斯贝利的运动员，他临跳时转身搞了个花样，用反跳的方式过竿。当他快跑到横竿时，右脚落地，侧转身 180° ，背朝横竿鱼跃而过。《时代》杂志上称之为“历史上最反常的跳高技法”。当然大家都嘲笑他，把他的创举称为“福斯贝利之跳”。还有人提出疑问，“此种跳法在比赛中是否合法”。令专家懊恼的是，迪克不仅照跳他的，而且还在奥运会上“如法炮制”一举获胜。而现在，这已是全世界通行的跳法。

所以，当“传统智慧”陷入困境，无法改局，不妨试着突破——突破过去、突破定式、突破传统，也许你能找到另一条通往成功的路径。

第三，我希望这本书能够凝结全部的销售智慧与精华，总括销售赢单的全部战术，不管经历多少次迭代，都依然能启发人们。

这本书是目前市面上唯一一本讲销售赢单战术是如何设计出来的书。

从准备写这本书，一直到这本书跟大家见面，大概用去了我 10 年的时间。在这些时间里，我一直在沉淀自己，将自己 22 年的大客户销售经验掏干，全部放在这本书里分享给你。同时，面对日新月异的新销售场景，我也在不断补给，希望给到你的内容都是能够与时俱进的，至少能够经得住时代的考验。

有的人一辈子过得稀里糊涂，事没少干，汗没少流，却一事无成。究其原因，就是问题出现时没找到正确的突破方法，往往在已经付出了努力之后，才发现自己的方法是错误的、无效的，走错了路。所以，一个人要想不盲干蛮干以致碌碌无为，就必须明白自己想要什么，并思考如何去突破和得到。

所幸的是，你想要的关于销售的成功要素和突破方法在这本书里都能找到。

销售是一个很不容易的行业，同时也是一个充满机会的行业，希望这本书能够在你前行的路上，帮助你看到更多的机会；在你迷茫、无助的时候，更好地指引你；在你陷入困境，感觉缺少一点点拨的时候，为你提供助力。

最后，我来分享这样一个故事：

一个智者把1、2、3、4、5、6、7、8、9、0这10个数字摆出来，让面前的10个人去取，并说道："一人只能取一个。"

人们争先恐后地拥上去，把9、8、7、6、5、4、3都抢走了。取到2和1的人都说自己运气不好，得到的很少很少。可是，有一个人却心甘情愿地取走了0。别人说他傻，拿一个0有什么用。

这个人说："从0开始嘛！"于是便埋头孜孜不倦地干起来。如果他获得1，有0便成为10；如果他获得5，有0便成了50。他一心一意地干着，一步一步地向前走。

他把0加在他获得的数字后面，使其十倍十倍地增加，终于他成了最富有、最成功的人。

也许我们身边有很多这样的事例，不胜枚举。他们的勇气和意志值得我们赞赏，他们从零起步、永不放弃的精神值得我们钦佩。

所以说，我们不应该慨叹岁月的流逝和梦想的遥不可及，那样的话，我们就不会收获成功的喜悦。实践是检验真理的唯一标准，希望每一个读完这本书的人都能有所收获，然后有所行动，快速成长。

01

认知升级

掌握基础原则与技巧，成为精英销售

销售内核：销售卖的是思想，客户买的是“感觉”

和尚需要梳子吗？

这个问题看着有点傻——中国的和尚按照戒律是要剃掉三千烦恼丝的，连头发都没有的和尚要梳子何用？既然没有用，和尚会买梳子吗？正常情况下，大概率和尚是不会买梳子的，对不对？

在销售工作中，有时候我们遇到的销售场景会和“让和尚买梳子”一样，让人摸不到头脑，觉得难以做到。譬如：

“我想向国家电网推销断路器，但是国家电网下属的公司自己有断路器生产厂了。你向一个生产玉米的客户推销玉米，这不就跟让和尚买梳子一样很困难吗？”

“我是销售电梯的，我的一个房产客户需要十几台民用电梯，但是这家公司负责采购的总经理所在的 MBA 班的同学是某某电梯厂的本省代理商，这咋整啊？说服总经理买我的电梯而不买他同学的电梯，就犹如让和尚买梳子，很难做到啊！”

“我是某某变压器的销售，今年受命去开发某地的新市场。我在向某企业销售的时候，前期谈得还不错，临近采购了，客户问我当地有没有企业使用过我的产品，我说我们公司是新来的，目前在当地还没有固定用户，客户听我这样一说，就表示自己不愿意当实验的小白鼠，不愿意做第一个吃螃蟹的，拒绝和我合作，这可咋整啊？客户不愿意做本地第一个买我产品的企业，而我在本地确实也没有用户，这样的销售局势，真的比向和尚卖梳子还难啊！”

有一次，我与一个卖厨具的销售人员一起拜访客户，拜访结束已经中午了，就找了个饭店就餐。吃完饭，我们又各要了一杯咖啡，想谈点事情。结果服务员告诉我们，他们饭店只有茶水没有咖啡。当谈好事情喝完茶之后，卖厨具的销售员却让服务员把经理叫来。当满脸好奇的经理来到餐桌旁时，厨具销售员面带微笑，偏着脑袋问：

“不好意思，我没有恶意，只是好奇，请问一下，为什么你们只提供茶水而不卖咖啡呢？”

“喝咖啡的客人太少了。”那位经理就这样和厨具销售员进行了一番无谓的交谈。聊了几句，在要离开的时候，厨具销售员递上了自己的名片，并认真地说道：“实话实说，你们这里的饭菜非常可口，客人也多，不过，你只提供茶水，让很多喜欢喝咖啡的人没的选择，也少了一个赚钱的路子。客人点咖啡你没有，客人体验不好，说不定就此不来你们店消费了，这样白白流失客户蛮可惜的……我公司代理的是意大利产的进口咖啡机。如果你有需要，请给我打个电话，随时都可以，我不怕麻烦。”

这个厨具销售员连去饭店就餐时也不忘想方设法销售自己代理的产品，让我有点敬佩。为了不让那位饭店经理觉得自己唐突，强行推销，厨具销售员先消费，成为饭店的客户，这样的话，他就有权提出对用餐的看法，而因为他是代表消费者的而不是作为销售员，所以这个看法更能得到饭店经理的重视。

在商业社会，诸如此类的机会都可以成为“销售场”。其实，**在销售工作中，最重要的不是技巧，而是“思想”，**任何人，都是先有“思想”，才会有“去做”的意愿，有了意愿才会去行动，而行动则形成结果。

1994 年，美国人科特勒在专著《市场管理》中，将产品概念的内涵由三层次结构扩展为五层次结构，即包括核心产品（Core Product）、一般产品（General Product）、期望产品（Expected Product）、附加产品

（Augmented Product）和潜在产品（Potential Product）。

图 1–1 产品概念的内涵

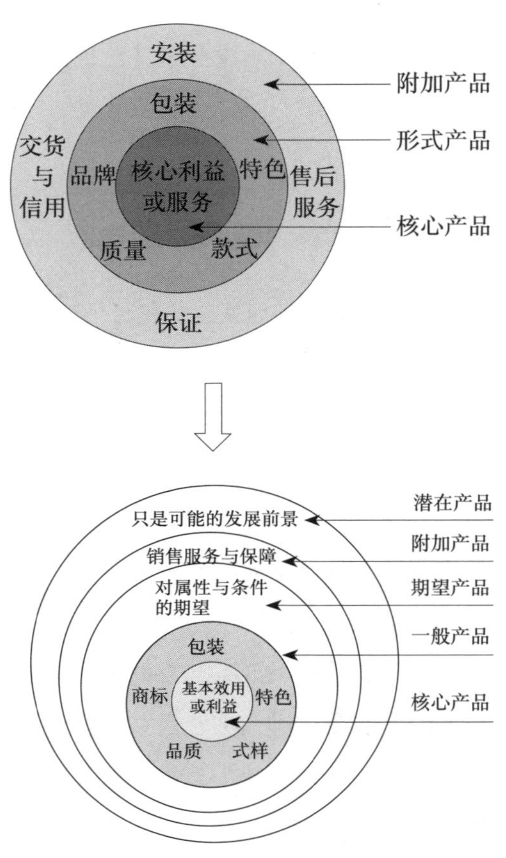

不管是把产品分为三层还是五层，我们都要把产品卖出去，销售是不可缺少的环节。但是销售人员卖“什么”却反映了一个企业对销售和市场的认知以及其经营管理水平，因为销售界一直流行着一个说法：三流销售卖产品，二流销售卖服务，一流销售卖思想。

从所销售的产品或服务出发，通过自己在产品或服务方面的专业知识，再通过强有力的推销，让客户了解和决定自己是否需要这个产品或者服务。这是一种压迫的方式，这就是三流销售常用的“卖产品”方法。公司销售部门招募销售人员，给他们相应的指标（压力）及合理的奖励机制，然后就把销售人员赶出门去开发客户，教育销售人员要以结果为导向，想尽一切办法把产品卖出去——这是目前国内大多数企业所采用的销售模式，是典型的“卖产品”。由于大多数产品都是同质化的，用户选择余地非常大，最终就会导致谁便宜就买谁的，谁会忽悠就买谁的，或者谁关系好就买谁的。因此，企业很难得到客户的真正认可，更不会得到他们的忠诚拥护。

任何企业都想永续经营，都想自己的客户是忠诚客户，能不断地复购自己公司的产品，让产品卖得更好。老客户的开发成本是新客户开发成本的约五分之一，在这样的动机驱动下，建立和维护好客户关系，把客户发展成为朋友、盟友，是成为一个销售高手的必然选择。而要做到这一切，仅仅提供优质产品显然是不够的，你还必须服务好客户。如果你的竞争对手都在卖产品，而你却在卖产品 + 服务，那么你做的比竞争对手多，你的收获也自然比竞争对手多。客户通过销售人员的服务里点点滴滴的沟通，对销售人员、公司、产品有了更深刻的了解，无形中就对品牌形象产生了良好印象，对销售员也产生了高度评价，这样销售人员就通过“卖服务”大大地实现了品牌溢价。

有竞争，就会有不断求进步的对手。你的竞争对手如发现卖服务的价值远远大于卖产品，那么一定会专注地服务好客户，尽可能地满足客户的一切要求，而你以前一枝独秀的服务可能会被同质化。譬如，过去很多厂家只关注产品的品质，对物流不怎么重视，但是在竞争中，他们发现，竞争对手 A 公司的产品和他们的类似，但是选择的物流是中国顶级的，送货到家的速度是消费者购买 A 公司产品的一个重要理由。于是，他们有样学样，很快整个行业都配备了中国最好的物流公司，A 公司以前能差异化出竞争对手的“服务”变得没有价值了，也就丧失了竞争力。

在竞争的压力下，你所有的卖点和差异化的东西，几乎都可能被竞争对手刻意地模仿而变得毫无个性，被同质化。任何企业的产品都不可能全面优于对手，你的品牌响、口碑好，但是你的价格高，在价格这块就会有压力。相反，很多小企业价格是低，但是品质的稳定性和客户的口碑却不尽如人意，影响了产品的销量。世上没有完美的事物，只是各有所长而已，那么作为销售人员，就要根据目标客户的需求，找出产品或解决方案中的某个点（对消费者而言最重要、最有价值的某个需求点）来超越、碾压竞争对手，这才是最重要的。一旦客户认可了关于这个点确确实实能超越、碾压竞争对手的观点，他也就认可了你的产品。在这种情况下，销售人员卖的不是产品，也不是服务，而是一种观点、一种思想。在销售界，我们将其叫作“独特卖点”。

人都有被认同的需求，客户能够接受销售人员的独特卖点，实际上就是对销售人员的认知、知识、经验、能力的认可，也是对销售人员本人的认可。独特卖点就来自销售人员对行业、产品的了解，来自销售人员在产品应用工艺环节对更好地使用产品的见解。因此，销售人员要将自己的产品与客户的需求结合起来，给客户设计出一种独特的、竞争对手无法给予的、专门为客户量身定做的、与客户需求匹配并溢出价值的方案。如果你的方案完全满足了他的期待，那么你就通过产品和客户建立了一种信任关系，成了客户的产品技术顾问，而这种角色的建立也使你的客户更有忠诚之心。

卖产品，随时都会有竞争对手比你的价格更便宜，或是质量更好，你无法得到客户的忠诚拥护，在竞争中很难取胜。毕竟几个或者十几个销售经理竞争一个订单，本来成功率就低得可怜。

卖服务，可能最初是“一招鲜吃遍天”，但是渐渐会被同质化，这是一个发展趋势，因此靠服务很难形成一个有效的竞争护城河。人们对竞争的理解早就固化为“你没有的我要有，你有的我要优，你优的我要精”，竞争的结果必然会趋向卖产品，最终大家都能达到你曾经差异化的地方，于是你不得不再次寻找新的服务点、新的机会。如此循环会很累，而所谓的竞争优势也是暂时的，建立在沙滩之上的，海浪一来，就荡然无存。

卖思想，是建立在销售人员的学历、学识、经历、对行业的理解、对产品的应用等诸多因素之上的，销售人员能把客户的需求和自己的产品结合起来，提供一套最佳的独特的解决方案，这样的销售卖点基本上是独一无二的。由于一个销售员的成长、成熟是需要时间和经历足够多的事件的，而前面说的诸多因素就是最牢固的护城河。由于卖思想的销售人员能比同行更好地解决客户的问题，因而会得到客户的信任、认可和尊重，这也是一种成就感，使销售人员感到自豪，感觉自己的人生是有价值的，没有虚度。

现在我们再回到和尚需不需要梳子这个问题上，这时你会发现：

如果你是卖产品的销售人员，那么当你向客户推销你公司的梳子产品如何做工精良、技术领先时，你得到的只是一句：“对不起，我用不到你的产品，我不需要。”

如果你是卖服务的销售人员，你可能在卖之前就收集了客户的相关资料，对客户的需求、痛点、担忧、期望以及销售场景等都做了调查，你会寻找到机会点，那就是无论和尚还是香客都认为“要敬佛，不能衣冠不整”，于是，你就向和尚提出你的服务，游说和尚买几把梳子放在庙门前，香客在进门前可以用梳子简单地修整一下自己的仪容。但是你这招很容易被同行知晓并模仿，于是，你发现你的梳子越来越难卖。

如果你是卖思想的销售人员，你就会预测到和尚最大的心愿是“弘扬佛法至更多的受众”，并以此为基础，谋划最佳解决方案。很多和尚持不沾钱的戒律，所以你说这梳子是你送给他的，不是给他用的，而是挂在寺庙门口让敬佛的人来整理仪容，这样想必和尚就不会拒绝了。但是你的梳子是要卖出去的啊，和尚不出钱，那谁来埋单啊？所以，你可以采取“羊毛出在狗身上，猪来埋单”这一商业模式思想，联合其他利益相关者，共同策划完成这个事情，实现多赢。

卖思想的销售人员首先是站在客户的角度去考虑客户的需求的，他的销售方案考虑的要点是“如何帮助客户更加成功”，所以他的销售方案是客户无法拒绝的。卖产品的销售人员则是交换，你给我钱，我解决你的问题，如果客户发现你的竞争对手能更方便、更简单、更优惠地解决他的问题，他一定会选择竞争对手的产品；卖服务的销售人员虽然能帮助客户获得一些溢出价值，但他的创意和手段很容易被竞争对手复制，而无法持久领先。卖思想的销售人员则不同，思想是一个人的时间、经历、学习、感悟等因素综合沉淀而来的，具备唯一性、独特性，是很深的护城河，所以，销售当卖思想。

即使我们卖的是思想，买家也会把我们的思想和各个潜在竞争者的产品或服务进行对比，从而选出 ROI（投资回报率）最大化、最具性价比的优质合作伙伴。

所以，销售人员的“思想”应该具备两个特征：

（1）高投资回报比。

从本质上讲，每一次购买都是一种投资。如果你的客户没有从你这里得到什么，也就是说他感觉获得的价值比投资的价值小，那么，你的生意绝对做不长久。

偏离商业核心需求的公司之所以不能长久维持，是因为他们的销售不能给客户带来真正的高投资回报。很多商家都认为投资回报不过是一种感觉，因此，在他们看来，用欺骗手段促成买卖似乎是天经地义的事情。但是，如果投资回报非常明显，也就根本不需要在营销中使用任何欺骗手段了。你完全可以直接去开展业务，将更多的时间花在销售上面，而不是用销售话术去催眠、忽悠客户。

其实，你大可不必借助这些把戏来增加自己所销售的东西的吸引力，相反，你唯一需要做的是销售真正具有高投资回报率的东西。即使你不能点石成金，将产品一下子变得特别棒，也可以增加些东西，让它变得更有价值。你可以增加一些服务，突出产品的特色，或者在其他方面给客户提供帮助——凡是能让客户觉得买你的产品很划算的任何事情都可以。

（2）可信的。

你给我 69800 元，我回报给你 1040 万元，怎么样?

你是不是心动了？但你会相信我吗?

虽然我不是心理学家，但我知道你心里肯定在想：这个人一定是骗子！他是不可信的！

因此，没有信任，就没有交易。

那么，销售人员怎么向潜在消费者传递出自己是可以相信的，他的产品和方案是足够好的呢?

有三种实证可以增加你的产品的可信度：

社会实证。通过一些人的推荐和示范来表明产品的可信度。比如，有人用过这一产品，并且对此非常满意。一份好的推荐必须要让人觉得这不是编造出来的，比如，用过的人推荐你的产品时附带电子邮件、网页地址和照片等，这就比较可信。如果你说某个著名电影演员喜欢你的产品，那么，你最好能证明他真的在使用，并且还要证明你们之间的关系，而不是由市场推广人员杜撰出来一个虚构的故事，讲给客户听。

技术实证。产品的有效性是否通过了科学验证？是否经测试真正实现了既定效果？同样地，这些证据也要以让人可以相信的方式表达出来，否则，可能会损害你的可信度。

事实实证。当你销售一件产品时，是否有研究表明其同类产品的价值或受欢迎程度是与日俱增的。那些做后续销售的商家经常会这样做，他们以非常有效的方式向客户表明，购买这样的产品是多么好的投资，从而鼓励他们购买这件产品。

实际也证明，如果销售方的“思想”是有高投资回报比的，且是可信的，能比竞争对手提供更大的好处和利益给客户，那么客户在理性上就不得不选择他。

在这里，我们来思考个问题，客户在理性上不得不选择他，那么这就能迫使客户最终下定决心，从口袋里掏钱出来购买吗?

假设你看到了一套高档西装，价钱、款式、布料等各方面都不错，你很满意，也下了决心要购买。就在你请售货员过来，准备向他咨询一些交易细节的时候，你发现售货员不太尊重你，甚至让你先看看标价能不能买得起再喊他，于是你感觉很不舒服。在这样的场景下，你还会继续购买吗？再比如，你去菜市场买肉，路过一家肉铺，价格便宜，但是你看到猪肉上趴着几只绿头苍蝇，你还会购买吗?

相信你不会，因为感觉不好。

很多时候我们购买的不是产品本身，而是使用产品能带给自己的某种感觉。

比如，我生病了，如果病情有点严重，我不去街头的小诊所就诊，而会选择去市里的大医院。哪怕小诊所的看病费用远远低于大医院，但我还是会选择多花点钱去大医院就诊，因为我觉得大医院的医生是专家，看病更靠谱。但是，如果仅仅是感冒发烧，我肯定会选择街头的小诊所而放弃大医院，这个时候我感觉去小诊所更实惠，更具性价比。你看，我们买不买一件物品，做不做某件事，往往取决于一种情感上的感觉。感觉是一种人和人、人和环境的互动，更是一种看不见、摸不着的影响人们行为的关键因素。

一个普通的PVC材质的包包，300元就能买到不错的了，但一个LV的PVC材质的包包则要两三万元才能买到，而且购买者众多。为什么价格差这么多呢？因为带着LV的包包出门，别人看自己时的那种感觉是不一样的，人们愿意为了这种感觉而花那么多钱去购买。

日剧《卖房子的女人》中有这样一个情节：

一对年轻夫妻来看房子，在楼下看到就说："哇！这个庭院好棒呀，有一棵大树，以后孩子们可以在院子里玩。"

结果，他们进去参观了这房子之后，觉得厨房太小了，带看的女销售这样跟他们说："想象一下，孩子们在院子里玩耍后，进门就有热腾腾的饭菜，这种感觉多好！"

这对夫妻一听觉得有道理，再去参观主卧室，太太嫌弃主卧室高度有点矮了，有压迫感。这时候女销售又说了："孩子们的童年只有一次，我们是不是要给他们最好的活动空间、最舒适的庭院呢？我们刚刚在楼下看的院子真心不错，我们是不是可以让孩子们在成长的过程中，每天都享受这种在户外自由又安全的感觉呢？你们从主卧室看下去，小孩们在庭院里跑来跑去，这种感觉多棒！我们所有的努力，不就是为了全家人更幸福吗？"

于是，这对年轻的夫妻不再纠结，当场就订购了这套房子。

天底下没有完美的产品，但客户在购物前，肯定有过对将来使用它的美好期待。如果我们把客户的期待、想要的感觉放大，哪怕我们的产品有些小瑕疵，客户也会为了得到自己期待的那种感觉而购买的。

换句话说，销售人员销售的是"帮助客户更加成功的思想"，客户买的是自己所期待的那种使用产品的感觉。

销售的降维打击：先谋全局，才能赢一域

销售，对企业运营而言可能是多赢的游戏，但对销售人员跟进某一个客户而言则是零和游戏，注定只能有一个销售员笑到最后赢得订单，其他的竞争者都成为垫脚石、背景墙，衬托赢单销售员的成就和能力，所以，如何赢得销售这场战斗，是每个从事销售工作的人都必须考虑的。

我国科幻小说作家刘慈欣写出《三体》巨作之后，参加了杭州的一个科幻研讨会，会上主办方发起了一个话题：如何毁灭一个城市？刘慈欣的回答是：可以把三维的杭州二维化，变成一张水墨画。然后再一维化，变成一根杭州丝绸的丝线。最后轻轻一抽，这个城市就毁灭了。

试想，如果把我们的三维世界二维化，我们还怎么跟发达的外星文明对抗？目前来看，降维打击在物理层面还没有办法实现，但是，降维打击的理论和逻辑被许多企业借来使用，并取得了十分有效的效果。

销售界降维打击也很普遍。行业中的人常说："一流企业卖标准，二流企业卖品牌，三流企业卖技术，四流企业卖苦力。"现在全球工业级芯片的标准和技术掌握在少数几个国家的企业手里，在这样的场景下，这些企业拥有近乎无限的市场，而且是没有竞争的，这是最理想的企业经营状态。

曾经有段时间，我们买火车票一定要去火车站的售票窗口或其他代售网点去买，但是现在呢？大家基本上都在售票 App 上购买了，这个售票 App 对火车站和代理商的售票业务就是降维打击，不过打击的点是提供更快捷方便的服务。去火车站和代售网点买票，耗费时间和精力，往往去晚了还买不到票。而售票 App 呢，你只要有个电脑或手机，无论是在家里还是出差，只要能上网，就可以买到。这对消费者来说，简直太方便了，太省事省力省时了。于是，凭借着能提供更快捷方便的服务，售票 App 无声无息地消灭了传统的火车站售票窗口和代售网点窗口这些竞争对手。这就是降维打击的威

力，打败你，你连反击的机会都没有。

哪怕是细微到某个销售员去拜访某个客户，也可以实施降维打击。现在是买方市场，产品同质化很严重，逼得销售员不得不更多地从产品之外去寻找赢单之路。譬如，有一位做外墙涂料销售的业务员，他受命去某地开发代理商。他去了当地的建材市场，拜访了几家目标客户，但是客户对他都不感兴趣，毕竟市场上此类竞争品太多，他们又不熟悉业务员，所以客气几句就把业务员打发走了。目标客户中规模及实力最大的一家门店更是对他毫不搭理，这家门店生意很忙，据说这个市场的60%生意都是这家做的，业务员刚刚进门拿出名片表明身份，男老板就把他拦住了，说实在没时间接待他，连名片也不要。业务员默默地走出门。走到半路，他想起在农村土里刨食的父母，想到自己独自一人来到这个陌生的城市，除了电话，没有别的亲人、朋友，自己一定要坚强再坚强，不能因为小小的拒绝就放弃。于是，业务员第二天又去拜访这个最大的客户，这次男老板没有赶他走，但是依旧没有搭理他。他无所事事，看到老板的儿子在写作业，心想反正无事可干，那就去看看，一看发现这个小孩做错了很多题，于是他就给小孩辅导，告诉小孩怎么思考、怎么解题。如此两三次之后，有一天，业务员刚刚要离开，老板喊住了他，告诉他最近自己生意忙，照顾不周，请勿介意，他连忙说没事没事，老板就问起他们公司的代理政策和条件，然后当场付了2万元订金，让他发一些样品过来。很多销售员靠销售产品、靠各种优惠条件都搞不定这个难缠的客户，结果被这个业务员用“给小孩子辅导作业的增值服务”的形式给轻松解决了。

2020年全国方便面的销量为557万吨，对比2017年的1000万吨，销量几乎下降了一半。这是本行业的竞争对手搞的鬼吗？不是，这是外卖平台的跨界降维打击，过去消灭你的是同行，现在消灭你的可能是与你无关的行业。方便面生存的核心维度是“方便”和“低价”，而现在顾客在家里点点外卖平台，就能以很低的价格买到美味可口的餐饮产品，而且非常方便，甚至不用自己付出一点点劳力，连用开水泡一下这么简单的环节都省了。外卖平台把方便面赖以生存的维度降得不能再低了，方便面被严重打击，其销量自然会大幅萎缩。

那么销售怎么才能在铁板中发现夹缝，在拒绝中发现商机，对竞争对手进行降维打击，兵不血刃就能打赢销售这场战斗呢?

在销售工作中，满足下面三个要求就可以让我们对竞争对手实施降维打击:

1. 销售人员要具有销售全局观，有系统化的销售思维体系，用全局打击碎片

现在是一个信息爆炸、能够快捷得到各类知识的时代，信息呈现为三大特性——复杂性、不对称性、不确定性，这决定了人们越来越需要一个系统化的知识体系为坐标，来鉴别和提升自己的信息处理能力，从而把知识转化为自己的能力，凭借丰富的知识碾压竞争对手，提高自己的竞争力。

但每天海量的知识如潮水般不断涌入我们的大脑，而且越来越碎片化。当知识只是点状而非系统化存在时，就无法引领和指导人在正确的方向上做正确的事情。据说，现今的我们一天接收的信息量，相当于 200 年前一个英国人一生所接收到的信息量的总和，但这并不意味着我们比 200 年前的英国人聪明多少。缺少系统思维，我们拥有再多的知识，也只是一知半解，也只是戴着有色眼镜看问题，不仅不能解决问题，还会把事情搞砸。比如，一个销售人员偶然看到了一篇关于中国经济的文章，其中一些观点他觉得不错，于是他就觉得，自己对中国经济的某个方面也懂了点，甚至和一些人交流时凭借自己学到的关于中国经济的观点也能说出个一二来，还能获得众人的掌声。但是他毕竟是个外行，对中国经济的了解也只是通过感同身受和道听途说而来的，他看似思路清晰、有主见，但在真正遇到经济问题时，由于缺乏系统性、全局性的经济学知识体系，缺乏对知识的有效整合和评估，结果把事情推向了糟糕的一面。

英国作家斯宾塞在《教育论》里说，科学是系统化了的知识。一个人的行为如何，在很大程度上由他的理想和价值系统而定，在信息和知识碎片化的时代，“得系统者得天下”。

系统思维是什么？系统思维就是人们运用系统观点，把对象的互相联系的各个方面及其结构和功能进行系统认识的一种思维方法。系统思维也叫全局观，整体性原则是系统思维方式的核心。这一原则要求人们无论干什么事都要立足整体，从全局出发，从整体与部分、整体与环境的相互作用过程来认识和把握整体。领导者思考和处理问题的时候，必须从整体出发，把着眼点放在全局上，注重整体效益和整体结果。只要符合整体、全局的利益，就可以充分利用灵活的方法来处置。

从竞争的角度上看，全局思维、系统思维降维打击碎片思维，这是一个有效的商战方法。

我还在从事真空泵销售的时候，有一次在跟进某某大型电子厂客户时，我和英国的爱德华公司竞争，他们在电子行业的知名度和销量一直是 No.1。爱德华的销售代表在这家电子厂比我做工作做得早，他和技术部负责真空泵的工程师的关系非常好，我一直插不进去，但我始终没有放弃，按部就班地继续我自己的工作。某一天，爱德华的销售代表忽然跳槽去贝尔公司当主管了，爱德华派来一个刚从某知名大学毕业的小年轻。小年轻是上海人，研究生毕业，专业知识非常了得，他上任后经常跟技术部的真空泵工程师探讨产品知识，非常专业，有时候我在边上旁听都觉得这小年轻讲得确实好。专业知识方面我肯定不如这个小年轻，看来积极维护与真空泵工程师的关系这条路行不通了，我只好把联系人上移，我找到了真空泵工程师的领导，很快便和这个领导达成了共识。耳闻不如眼见，要到产品使用现场去考察真实的使用情况，才能辨别产品的好坏。于是，在我的主导下，这家电子厂的工程师和这位领导很快就考察了几家真空泵厂家的产品使用现场。经过现场考察，技术部门的人一致认为我公司的产品是性价比最高的，优先采购了我公司的产品。

销售中有个戒律：不要单点（人）联系，要多点（人）维系。

实际上，在大客户销售里，几乎所有单点联系客户的销售最终都做单失败了。因为，在一个销售案例中，你只拜访和依托一个人，你所有的客户内部的信息都来自这个人，这个人的信息可能是真的也可能是假的，如果是假的，你所有的决策都建立在这个人的假信息之上，何来胜算?

单点联系客户，就是碎片思维，就是碎片行动；多点联系客户，就是全局思维，就是系统行动。

2. 销售人员要有创新思维，自己先升维，然后再降维打击，用创新打击坚守

信息化时代的好处是，每个人都能快捷方便地获得海量的信息，这些信息如果处理得当，就会引导个人抓住机会，从而实现个人崛起。当下实际上已经进入了个体崛起的时代，譬如，以前被认为是不务正业的人、各种平台的主播、创业者等都被人们所认可。但不是每个人都能崛起的，个体要想崛起，必须依赖强大的系统思维，让自己成为这个时代大系统中的一部分。我们要实时创新、更新自己，逼迫自己与时代的大系统兼容，只有这样才不会被时代这个大系统在“创新升级”时无情地淘汰。千万不要成为黄昏村头边一个喋喋不休地诉说自己当年如何错过了 1 个亿，心愿未了、壮志未酬，缅怀青春往事的衣衫褴褛的老人。

我在自己的销售生涯里一直都在努力从各类媒体的信息源中获取信息，也关注竞争对手和行业内外的一些新闻趣事，这些东西表面上看可能没有太

大的价值，但是它们会随着时间慢慢沉淀，最终会使我的知识储备更加丰厚，如果再加上一些契机，就可能会冒出一个灵感、一个点子、一个方法。

在 1997 年之前，中国企业的产品说明书几乎都是黑白纸印刷的，有些大型企业自恃企业名气大，产品不愁销售，其说明书不仅是黑白印刷，还不给需要的客户。如果潜在客户索要他们的说明书，他们一概拒绝，因为他们觉得生意未成，你要说明书，说明书也是用钱印出来的，我凭什么白白送你？现在觉得这样的思想很不商业，但那个时代就是那样的认知。

恰恰在 1997 年，我参加了在上海举办的亚洲地区给排水设备展览会，在展览会上，我看到日本一些公司的产品说明书是彩色印刷的，给人的印象是非常高大上，一看到说明书立刻就觉得这是一家很有实力的企业。我再看看我们公司的说明书，是黑白的，一下子就泄气了，实力不如人啊。

展览会结束后我回到我负责的销售区域，又遇到了一些知名度比我们公司大的企业的竞争，还遭遇了品牌影响力和我们公司差不多的竞争对手的阻击，销售之路磕磕绊绊的。有一天，我想起了在展览会上的所见所闻，忽然想到，如果我把我们公司的产品宣传资料、技术资料、企业资质都改成彩色打印的，客户见到之后会感觉如何？

彩色资料印刷出来之后，我恰好从设计院的设计师那里了解到一个新建的宾馆近期要采购水泵，于是我就根据设计师给的宾馆联系人的资料，去拜访了这个负责人。在和负责人交流的时候，他问我另外一家水泵厂的品质怎么样，我直接说，这家企业不行，比我们公司差多了。这位负责人有点惊讶，因为销售人员很少谈论竞争对手，更不会在背后说竞争对手的坏话。

我看出负责人的惊讶，于是说："我是北方人，习惯有什么就说什么。我是行业内的人，自然知道行业中的哪一家产品好哪一家产品差点儿，你说的这家公司确实和我们公司有一些差距，你看看他们的产品说明书，你再看看我们公司的产品说明书，他们的是黑白的，我们的是彩色的，仅仅一个说明书就有天地之别，更何况是产品呢。要不这样吧，方便的时候，你去用过我们产品的客户那里考察一下，看看用户怎么评价。”

“人比人得死，货比货得扔”，两个介绍企业和产品的说明书放在一起比较，一个是黑白的，皱皱巴巴；一个是彩色的，装订成册，如一本精美画册，孰优孰劣一目了然。经过对比，这个项目的负责人对我们公司的产品评价很高，在后期的考察中对我们的产品运用情况也比较满意，于是这个单子就这样很轻松地拿到了。这个单子的成功，可以说开场起了很大作用，我开了个好头，用彩色与黑白的对比，使客户有种我们公司比最早来拜访他的企业要有实力的感觉，后面又来了几个竞争对手，但是他们用的说明书也是黑白的，所以在客户的印象中，我们公司是最有实力的，一直都未被超越，他理所当然地选择了我们的产品。

我从千篇一律的黑白说明书的竞争固定思维中跳脱出来，率先使用彩色说明书，让其成为客户了解我们公司实力和技术的工具，这既是一种创新，也是一种降维打击。

3. 销售人员要具有借力团队思维，以团队打击个体

单打独斗的个人英雄主义时代已经过去，现在信息透明化且能快捷获得，导致竞争加剧，过去信息的传播有时间差、行业差、区域差等，线下实体店或个体与自己的目标客户之间信息不对称，使线下实体店或个体都有生存和发展空间。譬如线下实体店，以前你去逛服装店的时候，觉得一款衣服好，想买，这个时候你作为消费者是无法获得其他关于这款衣服的信息的，于是你只有做出决策，买还是不买，如果店铺给你的促销打动了你，你就付款埋单了。

但现在你能够快捷地获得信息，同样是去逛实体店，看到这款衣服，想买，这个时候你会拿出手机，把这款衣服拍下来上传到网上，要么找这个品

牌的线上直营店了解关于这款衣服的价格信息，要么就在网络上搜索这款衣服的各种信息，一连串的操作后，你在网络上知道了这款衣服的价格。如果网上的价格比实体店高，你就会在实体店里买；但如果网上的价格比实体店便宜，十有八九，你会买网店里的这款衣服。然而，对于实体店来说，很不幸的是，网店的价格往往比线下实体店便宜很多，因为网店的成本比实体店的低多了，实体店的店铺租金是一笔很大的成本。所以，在信息时代，线下实体店的日子每况愈下，艰难求存。

但也有很多线下实体店运营得很好，经过仔细观察和了解后，我发现这些实体店大都具备全局思维，善于借助团队的力量，采取异业联盟的形式来对抗线上店铺给他们的压力。

譬如，一家美容院的运营者在实地经营的时候，会考虑全局，与其他不同行业的厂商合作，进行异业联盟，合作销售。具体而言如下：

分析：

经常去美容院的女性基本在其他方面也都爱美，比如对服装的选购也有一定的品质要求。同样，在一些品质较好的服装店，有一部分客户是爱美人士，通常也是美容院的潜在目标客户。于是，美容院的运营者就思考，如何才能把服装店的客户引流到自己的美容院里呢?

目标：

拓客，把服装店的客户引流到美容院来体验消费。

商业上所有的事情都是关于人的事情，如果一件事对他人有较大的价值或利益，就可以吸引他人与我方合作，基于此，美容院应该设计一套让所有人都获利的方案，这个方案应该包括两个元素：

（1）人。整个方案涉及的人有美容院的美容师、服装店的售货员、服装店的老板、服装店的客户。

（2）事情。必须用一件事情把所有人都串联起来，而且所有人都想获得各自的利益，所以所有人都会朝一个方向流动。

方法：

策划“感恩答谢卡”联合活动。

美容院以服装店的口吻去制作一款绚丽精美的感恩答谢卡。感恩答谢卡的由头是：感谢客户一直以来对服装店的关注和支持，现正值店庆 3 周年，特推出“感恩答谢卡”来酬谢客户。

感恩答谢卡的内容是：这张卡价值 3999 元，为答谢客户，特售 99 元。这张卡提供的服务有：A. 在服装店消费可以打 8 折；B. 持卡去某某美容院可以体验价值 3999 元的美容套餐。

每张卡卖 99 元，销售额归服装店的售货员个人所有。

策划逻辑：

人都有占便宜的心理。因为每卖出一张卡可以赚 99 元，所以服装店的售货员会积极去卖卡。提高店铺客户的忠诚度，做客情是服装店老板所考虑的，所以当美容院送来只要花 99 元就可以享受价值 3999 元的美容项目服务时，服装店老板很乐于接受，这是让他的客户实实在在占便宜的好事情。美容院的美容师也很愿意去服装店洽谈推销感恩卡，因为可以从封闭的美容院走出来，送卡的同时还能带薪逛服装店，如果不出来送卡，说不定又要帮助客户按摩、做理疗什么的，相比而言还是出来送卡轻松。美容院老板也是利益获得者。美容院本来就是暴利行业，说是价值 3999 元的美容项目服务，其实直接成本可能连 300 元都不到。美容院的销售特征是客户进来后先体验，等客情熟悉之后再升单，因此，很多客户进来只想消费几千元做个双眼皮，结果顺带把鼻子、下巴也都做了，花掉几万元。这种现象很普遍。消费者也愿意买卡，毕竟用 99 元买价值 3999 元的美容项目服务是赚到了，因此，这足以吸引一部分服装店的客户来买卡。

综上所述，这个感恩答谢卡活动是一个所有参与方都受益的活动，成功概率很高。

类似这样异业联盟卖“感恩答谢卡”的活动，在美容院属于常规操作，实际上，美容院还经常与健身馆、理发店等机构进行联盟合作，共同拓客。

一个靠自己独立发展的美容院与另一个善于借助他人力量、利用团队的资源去发展的美容院，你觉得在其他方面都相同的情况下，哪一个的生存、盈利能力会更强？

这就是团队战胜个体的降维打击。

如果你是一名家具销售员，你会自己天天去陌生的地方开发客户，还是采取异业联盟的形式开发客户？

如果采取异业联盟，你可以去找婚庆公司，让婚庆公司给你介绍来找他们策划婚礼的“准夫妻”。这些准夫妻在举办婚礼之前，基本上都要买房装修，购置家具电器什么的。同理，你还可以和装修公司、厨具公司、水电维修店、黄金首饰店、婚纱摄影店等进行异业联盟，巧获客户。

经过对比，你会发现，通过异业联盟利用团队的力量获得的客户数量多且精准。因此，销售人员应该要有借力团队的思维，为自己获利。

利用大客思维，成为少有的 20%

我从事大客户销售 20 年有余，这些年由于工作原因我遇见过不少成功人士，但更多的是一些未成功人士，这冥冥之中好像印证了“2080 法则”。

2080 法则是 20 世纪初意大利经济学家帕累托的一个发现，具体是：在任何一组东西中，最重要的只占其中一小部分，约 20%，其余 80% 尽管是多数的，却是次要的。这个法则又被称为“二八定律”。

2080 法则在社会各行各业都普遍存在，譬如，在销售中，20% 的客户产生 80% 的销售总业绩，剩下的 80% 客户产生 20% 的销售总业绩；在工作中，你会发现，你用 20% 的时间完成了 80% 的工作内容，其余的 80% 时间则拖拖拉拉、松松散散，只完成了 20% 的工作内容。在这个社会，物质相对富有、不为基本生活需要而忙碌奔波的成功者占人数总量的 20%，不成功的人占 80%。是的，你的想法是正确的。那么问题来了，你如何进入这 20% 的成功者行列？

想要成为一个成功者，我们必须有一个认知：

我们在这个世界上会做很多事情，但只有 20% 的事情对我们的成功起关键作用。所以，我们必须要把这 20% 的事情找出来，然后把它做好。

举个例子，做阀门的销售，一般的阀门销售员年销售额为 200 万～300 万元，而湖北省某上市阀门公司的董事长，其人生的第一桶金是在 1997 年湖北三峡大坝的基建中所赚的。他签了一笔阀门订单，销售额为 3000 万元，这笔订单的合同佣金使他完成了资金原始积累，开了一个阀门工厂，伴随着之后 20 年的国家快速发展的红利，他的阀门工厂不断发展壮大乃至上市，他成了一个成功者。

他之所以成功，就是因为用了大客思维。同样是做阀门销售，有的人一年里的某一份销售订单就相当于别的销售员 10 年的销售订单总和，甚至比这个还多，从收入上来说，他一年的就相当于别的销售员 10 年的。

这就是大客思维的威力！

很多销售人员工作 2～3 年的收入就比普通人一辈子挣的还多，就是这个道理。根据二八定律，20% 的客户产生 80% 的业绩；20% 的客户带来 80% 的利润。这个 20% 的客户就是我们的大客户，简称“大客”。

销售员有没有大客、大客数量的多寡，不仅决定了业绩的不同，也决定了销售人员为自己创造财富的速度快慢。销售人员开发客户及做客户管理的时候，一定要留意客户的营收、资金情况，客户资金状况越好、越有钱，往往越能被发展为大客。销售员要为有钱的大客量身定做一些服务和产品，让其消费得更多，有时甚至一两个大客就足以养活一个公司、一个店铺、一个团队、一个人。比如，我有一个在武汉销售仪表阀的朋友，他做了20多年阀门销售工作，但他只跑一个客户——湖北省某钢铁集团。也就是说，一个钢铁集团就能让我这个销售阀门的朋友成为年销售额四五千万元的富翁，并养活了他们整个公司。

如果你在开发客户的过程中，发现你的客户满足以下任何一个条件：

（1）能给你带来相当大的销售额或具有较大的销售潜力。

（2）有较强的领先技术优势和创新能力。

（3）有较强的市场发展实力。

（4）资金状况良好。

那么即可把你这个客户定义为大客户，全力以赴，把他拿下，并维护好客情关系。

在我和销售人员沟通客户客情的时候，问到其关系较好的客户有哪些，绝大部分销售人员都会不假思索地回答出几个客户名字，但通过已成交销售额和客户在行业中的地位、营业额、员工人数等数据分析，我发现他们都属于行业内的中小型规模的客户。这说明普通销售人员通常会把和行业内的中小型终端客户的客情关系处理得非常好。在工作中我也注意到公司一些销售高手或者业绩优秀的销售人员，在其负责的客户群体中，均更倾向于把时间和精力放在销量排在前面的大客户身上，因为他们知道大客户才会产生大业绩，大客户才是其核心工作对象，也是最应该维护好客情关系的对象。

有一次我和基层的一个业绩非常出色的销售员聊天，他告诉我，由于公司的政策限制，他招待客户时往往只能让其住三四星级酒店，但是实际上，他的大客户如果路过公司所在的这个城市，他会自费垫钱请客户住在当地最豪华的五星级酒店，给客户最高的礼遇，而客户接受了他的最高礼遇之后，客情关系就变得有温度，他们相谈甚欢，很多工作都能得到客户的理解和支持，极大地促进了销售额的提升。

为什么很多销售人员把时间和精力都集中在中小型客户身上，而不是选择放在能带来 80% 业绩的大客户身上呢？为什么他们甘愿费时费力去做性价比不高的事情呢？这背后的思维逻辑是什么呢？一般销售人员为何不愿抓、抓不住核心大客户？他们的担忧点、困难点是什么呢？

以某市的消防工程这个市场来看，某市内具备国家一级消防资质的公司有 8 家，具备二级消防资质的公司有 100 多家，具备三级消防资质的公司约有 300 家。在推销消防水泵的销售人员眼里，这 8 家具备一级消防资质的公司是门难进、脸难看，店大欺客，往往拜访很多次也拿不到订单，于是他们索性放弃，而专攻具备二、三级消防资质的公司这个市场，这具备二、三级消防资质的公司一年的承包工程数量有限，只有几个，甚至没有工程，即使勉强接到工程，工程量也小得很。除了极个别公司之外，这些消防公司的辐射范围和影响力都较小，在行业内算是弱者。可能是弱者理解弱者，或者弱者没有资格豪横吧，通常这些具备二、三级消防资质的公司的采购和技术人员都非常容易接触，他们对厂家业务员礼貌有加，因为他们希望得到厂家的支持和帮助，希望得到更低的价格和资源，或者更多的促销政策，又或因生意做得小而不愿得罪厂家业务员。

大客户，特别是行业头部的公司，往往给销售人员的印象是规模越大越难打交道，这类客户生意做得大，比较强势和苛刻，不容易对付和搞定。大客户要什么有什么，他们接触的厂家人员和经销商太多了，早就没有耐心和精力去接待一个平庸无特点的销售人员了。更何况当前各行各业竞争激烈，大家都想着各种法子求大客户进货，与自己做生意，因此，价格战、促销战和关系战不断。而且，大客户的业务量较多，找他们的人络绎不绝，他们也没有时间和精力去和一名与自己没有业务往来的销售人员多做交流。

在这种情况下，销售人员去一次大客户那里，受挫；再去一次，还是受挫，于是就越来越没有信心，越来越不想去，如此，渐渐拜访大客户的次数减少了，拜访中小型客户的时间自然就多了。“大客户不用我，我去找中小型客户”，这就是中小型客户成为绝大多数销售人员的销售战场的原因。

销售人员一旦认定那些中小型客户是自己的目标客户，往往就会将资源、拜访时间、精力等自觉或不自觉地向其倾斜，会投入更多的促销费用，会花更多的时间去拜访客户，会申请更多的资源，会花费大部分精力，而不是将 80% 的人力、物力、财力投放在 20% 的大客户身上。

于是，销售人员很容易进入这样一个工作误区：过多地在中小型客户上花费精力和资源，却不见销量增长，不见市场好转。我曾经让公司销售人员做过一个简单的测试，花两周的时间，每天白天拜访客户，晚上填写出差日志表，什么时间拜访了几个客户，主要谈了什么事，投入了什么费用或者促销品，达到了何种结果等，都要如实填写，两周之后统计结果，将每个客户的拜访周期和投入费用、销量进行对比，结果很多销售人员都大为惊叹：

“我原以为大客户是我去得最多、投入最大的，结果却是中小型客户占去了我大部分有效拜访时间和资源！”

“这怎么可能？和我的想法完全不一样，我根本没有想把大部分时间都花在那些中小型客户身上，他们并没有也难以贡献应有的价值啊！”

“简直不敢相信，原来不是我的工作态度造成了业绩落后，而是我的工作方式出了问题，而我却未意识到！”

“我对客户的分类及投入比严重失衡了，难怪我的铁杆客户不是大客户，不是支撑我销量的核心客户！”

管理学大师德鲁克认为，想要工作有高效率，就需要分清事情的轻重缓急，以要事优先的原则去处理事情。同理，销售人员的客户有大有小，产生的销售额差别也很大，对厂家的贡献和价值完全不一样。业绩优秀的业务员都明白销售二八定律：80% 的销量和利润来自于 20% 的客户，其余 20% 的销量和利润则来自 80% 的普通客户。这 20% 客户就是销售人员的大客户，是帮助他们创造销量和利润的主力，是厂家盈利和长期发展的关键客户，是厂家业务员工作的核心对象，是销售人员工作和服务的对象，所以，销售人员要用自己 80% 的时间和精力把这 20% 的大客户服务好，这样分清主次、提纲挈领地工作，才能收到好的工作效果。

销售人员要充分认识到大客户对自己、对公司的重要性，对区域市场销量和经营质量的重要性，因此要提供差异化的客户服务和管理，合理分配自己的时间、精力和资源，在产品特色、销售政策、企业宣传、客情关系等方面都要有所体现，形成利益共同体，关注大客户的需求，满足其个性化要求，做好客户的顾问和参谋，提升大客户的合作积极性和自己的销售信心，让他们做区域内的标杆客户，确保大客户稳定增长以及与自己长期合作。

大客户应该得到厂家更多的服务和资源，应该“高普通客户一等”，因此，销售人员应该策划一些事情和服务让大客户“脸上有光”，在产品、返利、促销、服务等方面得到特殊的待遇，要让中小型客户看了眼红，羡慕嫉妒恨，暗地里使劲推广厂家产品，急着和厂家迈上合作的新台阶，早日“出人头地”，受到厂家的重视和支持，以享受更优质的服务和待遇。比如，某进口水泵品牌在中国一个省份行业里设置了两家代理商，较大的代理商能拿到 62.5% 的折扣，而销售额少的代理商只能拿到 70% 的折扣，这样的价格政策逼迫小的代理商努力提高销售额，以期获得更多的价格折扣，赚更多的钱。

可能你会说，我也知道大客户很重要，可我就是搞不定现有的某个大客户怎么办？现有的大客户就是软硬不吃、油盐不进，我去拜访了 N 次就是不受待见，怎么办？

一般而言，最少有三种方法可以综合应用。

（1）工作态度上不要灰心，要自我激励。

举个例子，在电影《拜金一族》中，4 名推销员窝在米奇和穆雷房地产公司芝加哥破旧的办事处。这些推销员近来的日子过得都很艰难。一个大雨倾盆的阴沉夜晚，市中心的大老板派来了穿定制西装的冷血食肉动物——布莱克，要把他们踹进更高的档位。

电影里有一个场景：布莱克培训这些中年男人怎么销售。他用嘲笑的方式开始了自己的培训课程，他质疑他们的男人味，用恶狠狠的脏话咒骂他们。接着，他又转而恫吓他们。“这个月的销售竞赛活动，我们要加点内容。你们都知道，一等奖是一辆凯迪拉克。有人想知道二等奖是什么吗？”他举起了一只包，“二等奖是一套牛排餐刀。”他停顿了一下，“三等奖是，你被炒鱿鱼了。你们懂了吗？”

布莱克用老式的销售培训为自己的长篇大论做了总结。他翻出一块黑板，指着自己写下的三个字母“A—B—C”解释说：“A，always，一定。B，be，要。C，closing，成交。一定、要、成交。一定、要、成交。”

“一定要成交”是销售殿堂的基石。成功的销售人员要不抛弃不放弃，就像成功的猎手一样，要永不松懈地追逐猎物。每一句话、每一个动作，都必须为了同一个目标服务：推动交易走向有利于自己的结局。也就是像布莱克说的那样，让桌子对面的人“在订单上签下自己的大名”，一定要成交。

（2）重新塑造自己的价值。

当销售人员公关大客户工作受阻很难再进一步的时候，就要停下来分析自己工作受阻的原因，可能是价值未被客户真正理解和接受，这样的话，销售人员要再度提炼和展示产品的高价值。

美国营销学会曾经跟进 3 万名采购人员做“影响采购购买决策的因素”调研，发现影响客户购买的要素有三个，其中产品占 57%，公司占 18%，销售人员占 25%。产品和公司对客户采购的影响力惊人地达到了 75%，而实际的工作中，很多销售人员受自己学识和眼界的影响，总是感觉自己的产品和公司没什么好介绍的，自己的产品和友商们的产品看起来都差不多，忽略了对自己公司和产品的差异化、独特性的提炼塑造和对客户的宣传传播。很多销售人员受传统的过时的销售观点影响，比如“做生意就是靠关系”，试图通过自己和客户聊天建立关系拿到订单，却不知，自己放弃了 75%，而只在剩下的 25% 圈子里打转。方法错了，就算销售员拼到精疲力竭，也只能得到 25 分，基本上败局已定。

所以，当销售人员公关大客户受挫，无法继续推进的时候，就要停一下，静下心，复盘自己的工作方法，审视自己在公司、产品这两个层面的价值塑造是不是到位了，是不是击中了客户的需求而能影响到客户，是不是让客户真正感受到了公司和产品的高价值，感受到了购买自己产品的高投资回报比。

（3）引导高层互访。

当公关大客户受挫的时候，也许是销售员自己有问题。比如销售员的能力和见识有限，无法获得客户采购的关键人、拍板人的欣赏和支持，这个时候，可以请求我方的销售高管支援，规划我方高管拜访客户的关键人、拍板人等这些中高管的行动。

与客户的中高层建立友善、高效、互通的关系也一直是销售公司的主要目标之一。通常有两种方式可以去接触客户的高管：第一种，由下往上，从基层开始，层层递进，最终接触到客户的高管；第二种，直接搞定客户的高管。国内许多项目型大客户打单在招投标过程中失利往往就是这个原因。在一个项目招标过程中，最有发言权的就是决策人士，所以，搞定大客户的高层非常重要，可以缩短公关客户的周期，节省销售开支，降低风险。

但是，高管去拜会客户的高层之前一定要思考下面六个问题：

第一，你找他要干什么；

第二，你说的这个问题是不是他的知识范围内能做决定的。如果他对你的问题不清楚，他会找个专家，让你和专家谈；

第三，你让他来做什么；

第四，如果他做了，会有什么回报；

第五，你是不是一个真正适合和他谈的人，比如你的知识、技巧和级别；

第六，你现在谈论的主题和他关心的事情是不是一致的。

总之，在接触大客户高层之前要花一些时间去了解和分析大客户的关键人、拍板人的性格、处事方式、工作特征，把他关心的六个问题考虑清楚。这样的话，就基本能保障双方高层会谈成功。

利他，销售的反向“利己”

被日本企业界称为“经营之神”的稻盛和夫有句名言：“利他！凡是事事为他人着想，换位思考，事情总会出奇地顺利，内心也平静和充实。”

很多初涉社会的小伙伴会很奇怪：为什么要利他呢？人绝大多数时候都是自私的，做事的原则应该先有利于自己才对啊，为什么利他？

我们来看个寓言故事：

从前有一个叫花子每天出门乞讨，他很想过正常人的生活，于是他总要乞讨一些粮食积攒起来。可是积攒了好多年，他的粮仓还是只有那么一点米。他不知道是怎么回事，于是打算弄个明白。

一天夜里，他悄悄地躲在一个角落看着他的粮食。结果，他看见一只大老鼠来偷吃他的粮食。于是他很气愤，就对老鼠喊道："富人家那么多粮食你不去吃，为什么偏偏偷吃我辛辛苦苦攒下的粮食？"突然，老鼠说话了："你命里只有八分米，走遍天下不满升。"乞丐问老鼠："这是为什么？"老鼠对他说："我也不知道，你去问佛祖好了。"于是，叫花子下定决心，要去西天问问佛祖，看看到底是什么原因才有此命运。

叫花子第二天就出发了。他一路乞讨，走了好多路。有一天，他直到天黑才好不容易见到一户人家。他敲门，出来一个管家问他有什么事，他说讨点饭吃。正好这家的员外出来看见了，就问叫花子为什么这么晚了还在赶路，叫花子就说了他的目的是要去向佛祖问个明白。员外听了赶紧把他请到屋里坐下，给他拿了好多干粮和一些银子。叫花子有点蒙。员外说他的女儿都 16 岁了还不会说话，拜托叫花子去西天帮忙问问佛祖，是什么原因。

员外曾经发过誓，谁能让他的女儿说话，他就把他的女儿嫁给谁。叫花子听了觉得反正自己要去西天，就顺便帮他问一下佛祖好了，于是答应了。

叫花子又走了许多山路。走到一座山上，他看见一个庙，就进去讨水喝。里面有一个老和尚，拄着一根锡杖，很老但很精神。老和尚给了他水喝，并且叫他休息一会儿，问他要到哪里去。叫花子说明去向，老和尚赶紧拉住叫花子的手说："拜托你一定要帮我去西天问问佛祖，我都修行 500 多年了，按说早该得道升天了，为什么还飞不起来？"于是叫花子答应了这个老和尚。

叫花子继续往前走，来到一条大江边上，江里没有一条船。叫花子着急了，这可怎么办？叫花子哭了起来："难道我的命就该这么苦吗？"突然，一只大老龟浮出水面。老龟问叫花子在这里哭什么，叫花子把事情经过说了一遍。老龟对他说："我都修行 1000 多年了，按说早该变成龙飞走了，为什么还是一只老龟？如果你去了西天能帮我问问佛祖，我就把你驮到对面。"叫花子很高兴地答应了。

叫花子又走了不知多少天，可是怎么也见不到佛祖。叫花子纳闷了，心里想，佛祖到底在哪里？按说西天早该到了啊。叫花子很伤心，于是迷迷糊糊地睡着了。突然佛祖出现了，叫花子很高兴，佛祖问叫花子：“你这么大老远来这里，一定是有什么很重要的事要来问我吧？”叫花子说：“是的，我要问几个问题，希望佛祖能够给我说个明白。”

佛祖说：“好啊，不过有个条件，你最多只能问三个问题。因为一直以来都没有人问三个以上的问题。”叫花子答应了，心里想道：我问哪几个问题?

叫花子觉得自己的问题太不重要了，老龟修行了1000多年很不容易，它的问题应该问问。老和尚修行了500多年也很辛苦，他的问题也应该问问。员外的女儿很可怜啊，不能说话怎么嫁得出去？他的问题也应该问问。

于是，叫花子毫不犹豫地先问了老龟的问题。

佛祖告诉他，老龟是因为舍不得它那背上的龟壳才变不成龙的，它的龟壳里有24颗夜明珠，如果它把龟壳去了，就可以化成龙了。

第二个问题，他问了老和尚的事，佛祖回答说，老和尚整天都拿着他的宝贝锡杖，心里总觉得他的锡杖是个宝物，用它在地上一扎，地上就会有清泉出现，如果老和尚舍得扔掉那个锡杖，他就可以得道升天了。

叫花子很高兴，第三个问题又问了哑巴女孩的事。佛祖回答，哑巴女孩见到她的心上人就会说话了。

说完，佛祖突然不见了。叫花子觉得自己的事也没有什么，还是乞讨过日子吧，于是就赶紧往回赶路。叫花子来到那条江边，老龟已经算到叫花子该回来了，就在江边等着他，见到叫花子就急着问佛祖是怎么说的。叫花子说：“你先把我渡过江去，我再跟你说。”老龟把叫花子渡了过去，叫花子说了缘由，老龟一听就明白了，于是就把龟壳脱了下来送给叫花子：“这里面有24颗夜明珠，是无价之宝，对我已经没有用处了，我就把它送给你了。”于是，老龟马上就变成龙飞走了。

叫花子拿着24颗夜明珠又往回赶路。来到山上见了老和尚，老和尚急着问佛祖怎么回答的。叫花子说了缘由，老和尚一听非常高兴，于是就把那个宝贝锡杖送给了叫花子，自己马上就腾云飞走了。

叫花子来到员外家门口，突然从里面跑出一个大姑娘大声喊道："那个问佛祖话的人回来了。"员外也跑了出来，他很吃惊，他的女儿怎么突然会说话了。叫花子说了佛祖的话，员外非常高兴，就把女儿嫁给他了。

爱出者爱返，福往者福来。为别人着想，一定就有人想着你，这是因果，这也是规律。我们生活在这个社会里，需要足够的物质支撑才能活着，所以做事不能不考虑利益。正是因为要考虑利益，所以才首先要利他。做销售，不是想获得订单就能获得订单的，我们首先要获得客户的信任，因为信任是成交的基础，只有赢得客户的心之后，客户才有可能购买我们的产品。"得人心者得天下"，人心向你，财自道生。道在哪里？道，就在人心。为什么人心向你？因为你心中有他。你心中有他，他心中也会有你。

每个人都会从利己出发，可是，每个人只有靠利他，才能建立和发展自己的事业。你说，你开面馆是为了赚钱，如果你不把面做好，让吃的人说"这里的面真不好吃"，你的面能卖出去吗？你的店会有人来吗？这就是只有先利他，然后才能利己的道理。也只有人人都学会了利他，这个社会才能繁荣、才能稳定，人们的生活也才能真正改善。

武汉有个做学历提升业务的销售员，名叫小冯，他加入我的一个销售群后，每隔两三天就发一次红包。每次总金额也就20～50元，发完红包后小冯一般还会说一些励志的话语，晒一些跑步的截图，如此连续3个月，群里所有的小伙伴都认识了小冯，且很多人抢到了小冯的红包。拿人手短吃人嘴软，抢小冯的红包次数多了就觉得小冯这个人确实不错。3个月之后，群友好奇地打探，小冯这个时候才说自己的工作主要是帮助一些低学历的人提升学历，比如从中专提升到大专，而一些大城市的落户和购房政策对高学历是优先鼓励的，比如本科学历优先落户，大专学历购房不限购，等等。

我的销售群里的不少群友是刚刚从销售人员转为小公司老板的，也有一些提升学历的需求，于是，一些群友陆陆续续地私下找小冯办理提升学历的业务，有些群友合作后甚至将新的需要学历提升的客户介绍给小冯。这样一年下来，小冯居然在我的这个销售群里做了 50 多万元的业务额。而据小冯说，他加入了 170 多个类似销售群这样的职业群，都是通过发红包吸引注意力之后，发一些正能量的信息，和群里的小伙伴打成一片，获取群友的信任后，再间接地公布自己所做的业务，吸引有需求的人主动向他咨询，最终成交，这样一年下来，他仅仅在各种微信群里所做的业绩就有约 1200 万元。

我们都知道，如果从利己出发，我们加入微信群很容易，但是只要一发广告，马上就会被踢出微信群，这是毫无疑问的。在销售工作里，销售人员的价值是由客户决定的，唯有站在客户的角度，让客户信任、放心，让客户感到占了便宜，让客户感受到他的利益最大化了，客户才会下决心购买，销售员才能实现利己。

目标法则：看似不可能，实则可能

让一个人走得更远的不是他的脚步，而是他的目标；一个人能攀登多高，靠的不是他的身躯，而是他的意志。成功的人生都是找到了正确的目标并付诸实际行动；而失败的人生则是目标模糊，不知该走向何方。

以前我从事上海某品牌水泵的销售，那一年上海某机场修建一条从机场到龙阳路段的磁悬浮列车轨道，这个项目属于国家重点项目，政府总投资

100 多亿元。这个项目的每一个列车停靠站均设有给排水系统，里面会用到不少污水泵。我知道这个项目时有点晚了，项目的标书已经编制好了，估计第二周就会发放标书，而从标书发放到递交标书开标只有 6 天时间。这些情况我还是通过拜访一家和我们公司长期合作的安装公司知悉的，这家安装公司通过竞标成为磁悬浮列车项目的水电安装单位。

从安装公司知道了磁悬浮列车项目之后，我当即安排销售人员去拜访项目方。在工业品行业，一般的采购形式都是“甲方采购，乙方安装”。销售人员经过两次拜访之后，了解到甲方的工作人员基本上是由上海某机场的基建人员组成的，而上海某机场在污水泵这块很多年都习惯性采购江苏某品牌，这家品牌在中国污水泵行业中的知名度和专业度都是第一，是国内污水泵行业公认的第一大品牌。销售人员在与该项目的设计院设计师交流时，也发现该项目的污水泵设计图集标准和安装尺寸就是按照江苏某品牌的产品设计的。从这些蛛丝马迹来看，由于甲方使用了很多年江苏某品牌的产品，对产品性能、品质非常了解，情感上还是倾向于江苏这家品牌的，毕竟“用熟不用生”。在国家级的重点项目产品设备采购的选择上，当然倾向于“安全可靠”，谁也不想冒险换一个新的合作对象，这风险太大，谁也承担不了失败的后果。

销售人员在第三次拜访客户时，感觉工作无法进一步推进了，因为在与客户的交流中，能从客户处打探到的公开消息也都打听到了，一些半公开、比较隐私的信息，销售人员无论怎么旁敲侧击，客户就是闭口不谈，或者以“不清楚”“这个事情不归我负责”来推搪。比如，销售人员邀请客户参观我们在上海的样板工程，考察一下我们公司产品的品质，客户就说“这个考察的事情我没权力做主”，再问及何人能做主，客户就用“这个事情我也不知道”来搪塞他。

重要的是，销售人员自己也觉得我们公司的污水泵在知名度上和市场占有率上与江苏某品牌还是有一定距离的，竞争中是处在下风的，所以信心不足，他就向我求援，让我帮他攻坚这个单子。

接到销售人员让我协助他打单的请求后，我思考了一番。作为他的上司，一旦介入他的单子，就要考虑如何才能赢得这个单子。因为赢得订单我们就能占领更多的市场，提高销售额，振奋销售团队的士气，相应地，如果失败了，团队士气和我个人的领导威信就会受到影响。

在和销售人员充分交流后，我为这个磁悬浮列车项目设定了一个大目标和三个小目标。具体如下：

一个大目标

此次磁悬浮列车项目必须中标。因为这个项目是国家重点项目，在行业内有极高的样板价值，对塑造公司品牌来说意义重大。

设定了必须中标这个大目标后，我就用逆推法，以目标为起点，对目标进行分解，排列出实现目标的三个要素，这也是我们在通往成功的路上必须要实现的小目标。

逆推法在销售和销售管理中是最常用的思维方式之一，它指的是先定预期目标、确定想要的结果，然后对目标和结果进行分解，选择最优路径，最后组织实施。具体如下：

第一步，确定要达到的目标、效果。

第二步，根据目标做任务分解，明确事、人、时、地、物等要求。

第三步，组织实施，落实各项任务。

三个小目标

（1）先入围。先想办法让我司进入甲方的招投标名单里，有资格参与投标，这是最基本的销售目标，这个目标达不成，就没有后续的一切。确定这个先入围的小目标之后，我和销售人员一起去拜访了甲方。拜访时我没有咄咄逼人地推销产品，没有向客户宣传我们公司的产品如何如何好，而是采取“以退为进”的示拙战术。我告诉客户，我们公司和江苏某品牌在市场知名度方面还是有一定差距的，至于技术嘛，每个工厂都有每个工厂的特点，没有百分之百完美的技术，仁者见仁，智者见智，各有各的判断。我们这次来是想获得参与的机会，给各位领导多一个选择的机会，至于中标与否，从未考虑过。只要能有个参与的机会就满足了。

或许示拙更容易打动人心，再加上我拜托了告知我们这个项目的安装公司帮我们在甲方那里美言几句，推荐推荐我们公司，让我们入围，最终，甲方确定了我们公司、江苏某品牌和大连某泵厂这三家为投标单位，招标形式为邀标。

（2）先满足。随着销售工作的不断推进，很快到了招投标的时间，我方拿到了标书，经过认真分析，发现标书的技术和商务有江苏某品牌的影子，其产品技术参数和我方公司、大连某泵厂的技术参数有一些偏差，因此我又安排工作人员去拜访设计院的设计师。通过交流，设计师最终确认，尽管我们公司的技术参数和标书上的技术参数有些偏差，但这是合理的，是国标范围内允许的技术精度偏离。

为什么要获得设计院的偏离认可呢?

因为招标文件对“动产品”的参数会有具体的描述，而每个厂家的参数因生产和技术流派不同可能会略有差异，如果不做这个差异的技术偏离认可，甲方完全可以以“技术与标书要求有偏离”为由而废标。基于此，在竞争的第一阶段，我方的竞标策略为“先满足”，就是说，在竞争时我公司会先满足招标方标书上注明的一切关于技术和商务的要求，如果有偏差，就找相关部门确认偏差不影响产品。

这样做的目的就是“先满足客户的采购标准”，唯有这样，我们才能活着，然后在此基础上寻找突破点，寻找制胜的机会。

（3）单点突破。由于前期的多次拜访，我确认江苏某品牌是我方主要竞争对手，因此在标书的制作过程中，我们对江苏某品牌做了深度调研和技术分析，对标书的逐个条款都进行了分析和探讨，预测了在评标现场评标专家可能会提出什么问题，我们怎么回答。

在价格的定位上，我分析：

由于江苏某品牌是机场多年的供应商，且这个项目是国家重点项目，资金完全没任何问题，且他们自身又是行业中的第一品牌，因此在报价上，他们的价格应该不会低，应该是追求高额利润的。

而大连某泵厂，他们在行业内也有相当大的知名度，但是与江苏某品牌尚有差距，他们也知道江苏某品牌和机场多年来连续合作，有一定的客情优势，所以，我判断，按照常理，大连泵厂想中标，唯一的筹码就是放出一个很低的价格，以低价获得竞标优势。所以，大连泵厂的投标价一定很低。

于是，我制定了这样的投标价格策略：

在价格上比江苏某品牌低，比大连泵厂高。

在技术的参数和零配件品质品牌满足度上，我们和江苏某品牌持平，比大连泵厂高。比如配套轴承，我们和江苏某品牌都选择世界排名第一的厂家。

在商务条款对甲方的优惠上，我们提出了 3 年质保期的优惠条件，而行业内的通常做法是 1 年质保期。这是一个独特的卖点，相当具备吸引力，也是我精心设计的突破点、差异点。

在开标现场，根据招标原则，先开价格标，再进行技术答疑，开技术标。价格一开，江苏某品牌投标价为 528 万元，我方投标价为 470 万元，大连泵厂投标价为 392 万元。各方投标价均在我的判断之内。

开完商务标，下一步开技术标。在例行的技术答疑环节，为了给这次招投标的评委专家一个好印象，我特意组建了一个答疑团队，有泵技术工程师、电气工程师、售后人员等，以此表达我们对项目非常重视，且有必胜的信心。

最终的结果是我们比江苏某品牌高 2 分，比大连泵厂高 8 分，以综合评分第一结束了开标流程。

虽然我们的评分为第一，但是甲方的技术人员却以未用过我公司产品，不清楚实际品质优劣为理由，迟迟不定标。我也由此判断，可能江苏厂家不甘心投标失败，会继续游说业主使用他们的产品。事不宜迟，迟则生变，我当机立断，说服支持我们的安装公司，让安装公司牵头，以考察公司产品使用情况，为未来的安装提供帮助为由，考察我们公司的样板工程。在考察的过程中，我们的技术工程师再次阐述了我们产品的独特卖点和因此带给客户的使用价值，现场样板工程的用户也实事求是地介绍了产品的使用情况，赞扬了我们的服务、产品质量，这样就打消了甲方对我公司产品品质的顾虑。

考察结束回去的路上，我对甲方的负责人说："这样一个重点工程，厂家都期待自己能中标。大连泵厂报价虽然低，但是品质确实不如我们和江苏两家，而同样的产品配置，我们的质保期甚至是江苏厂家的 3 倍，他们的报价却比我们高了近 60 万元。而如果我们中标，你们也是为国家节约了一大笔钱，是一件大好事，是值得铭记的。"

甲方的领导听完我的话后未置可否。送他们回去之后，我想了一下，决定写一份设备推荐函给客户，在推荐函里我把我们和江苏厂家的产品做了数据比对，提出了我们不仅仅能便宜 60 万元，而且一般公司的泵体都采用的是灰口铁，灰口铁的承压能力是 16 千克，而我们泵体的材质是球墨铸铁，承压能力是 25 千克，从安全的角度上说，我们能确保在突发情况下，我们公司的泵仍然能安稳运行。

最终，在开标结束两个礼拜后，在各位同事和安装公司的共同努力下，我们中标了。

"明知山有虎，偏向虎山行"，这是一名销售人员应有的豪情和锐气；"三思而后行，谋定后而动"，则是要销售人员在市场上攻城拔寨时稳健前行。

回首磁悬浮列车这个项目的打单过程，里面也蕴含了一名优秀的销售人员应该具备的认知：**明确自己的目标和掌握目标分解法。**

没有目标，我们只能原地踏步；唯有有了目标，我们才能向远处观、向高处望，我们才有可能走得更远。俗话说，眼界决定境界，格局决定结局。人的思想一如参差的山脉，有高低层级之别。很多时候，眼界和格局的高低，决定了你对事物认知的深浅。

我曾听过这样一个笑话：

古时候有位乞丐，机缘巧合救了皇帝的性命。皇帝问乞丐："你救驾有功，想要什么赏赐？"

乞丐答道："求皇上划两条街给我，有了自己的地盘，以后讨饭就再也不怕被人赶出去啦！"

乞丐的这个请求暴露了他的眼界和格局。

正因为如此，注定了他一辈子只能混迹于乞丐之间。

一个人总往低处看，很容易被脚下的石子挡住去路，又或被眼前的一片树叶遮住眼睛，"只见树木，不见森林"。一个人总往高处望，就不容易被那些鸡毛蒜皮的小事所困扰，正所谓"不畏浮云遮望眼，自缘身在最高层"。

目标使我们面对的是远方、是高处、是未来，是某种未来的收获。那么，怎么样才能使我们的目标不会成为空中楼阁呢？其实，我们制定目标时只要遵循 SMART 原则即可。

SMART 原则

S 代表具体（Specific），指目标要有特定的工作指标，不能笼统；

M 代表可度量（Measurable），指目标是数量化或者行为化的，验证这些绩效指标的数据或者信息是可以获得的；

A 代表可实现（Attainable），指目标在付出努力的情况下可以实现，要避免设立过高或过低的目标；

R 代表相关性（Relevant），指目标是与工作的其他目标相关联的，是与本职工作相关联的；

T 代表有时限（Time-bound），指要在特定期限内完成目标。

譬如，在这个磁悬浮列车项目中，我设定的大目标是中标，它是特定的工作指标，很清晰，但是一下子很难完成，那么我就把这个大的很难完成的目标分解为“A. 先入围，B. 先满足，C. 单点突破”三个可以完成的小目标。通过拆分，我们把一个大的很难完成的目标细化为可以实现的一个一个小目标，而我们通过完成一个一个小目标，积小胜为大胜，最终实现了我们想实现的大目标。

惊艳思维，与众不同才能赢得机会

销售工作具体到某个项目的争夺或客户的开发，只有第一名能得到机会，第二名就是失败者，何况第三名、第四名……你不出色，自然有出色的人走在你前面；你不惊艳，众人的眼光自然不会投射在你身上。有宝马车可坐，我为何要固守自行车？癞蛤蟆虽然对白天鹅一往情深，但因为它对我情深，我就要嫁给它？商场竞争不相信眼泪，而更相信物竞天择，强者生存。如果你与众不同，足够惊艳，能让潜在客户眼前一亮，赞叹不已，那么很大程度上你的签单率要远远高于那些平庸之辈。

很多年前，我公司的一个股东遇到过这样一个案例，他说：

我曾在上海一个做红酒生意的朋友的酒窖里喝茶聊天，恰逢两个业务员前来谈生意，我想回避一下，让他们单独交流，但朋友对我说："你别走啊，你也看看他们是怎么做销售工作的。"

那两个业务员是年轻小伙子，进门后很小心地把样品（某葡萄酒的两个手提袋）放在地上，说话声音比较小，向我朋友做自我介绍。

朋友说："你们请坐吧。"两人表情怯怯的，犹豫了一会儿才各自坐下，拿出产品摆在茶几上，让我们看。一个业务员把名片递给了朋友，也跟我打了个招呼，但是我没听清楚他们是哪个单位的，姓甚名谁，只好支支吾吾应付了几句。

看样子好像是事先约过的。朋友问道："请问你们来的目的是什么？"两位业务员显然没有料到开场就是这个问题，慌忙说道："我们来拜访您是看有没有机会合作。"

朋友对这两个业务员的态度极其冷漠。原来，2003 年，他千里迢迢坐飞机到这家企业去谈合作，结果企业接待人员说，他们销售经理今天不上班，让他第二天再来，冷冷地把他打发了。这给了他极其恶劣的印象，从此发誓不卖该企业的酒。

后来朋友经营了一种葡萄酒，每年有几千万元的销售额，成为该葡萄酒行业的一方诸侯。如今，他在成都葡萄酒界做得有声有色，专营进口葡萄酒。去年，他在上海自贸区创建了这个专业的葡萄酒窖，成为各路酒商争相合作的首选伙伴。

这件事过去这么久了，他仍耿耿于怀，可见他对当时遭到的冷遇和那个企业极差的服务态度是多么刻骨铭心。

面对朋友的耿耿于怀，业务员再次陷入无语。他们明知道这事跟他们八竿子打不着，但是他们只能承受品牌负面印象带来的恶果。可惜的是，他们没有给我朋友一个承诺，朋友的心结在他们这里没有解开。

两个业务员无话可说，气氛十分尴尬。我赶忙打圆场，把话题扯到他们的产品上，问他们的产品有什么口感，质量如何。

没想到，他俩异口同声地说："没喝过！"我立马晕倒。我本来想让他们通过口感特点反驳一下朋友所谓的性价比极差的论断，这下可好，帮了倒忙。他们太失败了！

他们告诉我们，他们以前一个是做黄酒的，一个是做白酒的，从来没有做过葡萄酒，刚接触，仅有的一点葡萄酒知识也是上游供货商派人来培训时学到的。

再问才发现，这次拜访是朋友的朋友介绍的，他们竟然不知道朋友的酒窖什么时候开业的，主营业务是什么，主要渠道是什么，他们甚至都不知道朋友在上海葡萄酒圈子里是个什么地位。

朋友说："你们老板多年来一直做红酒，有丰富的经验。我们很多年前就认识。你们要和我谈生意，为什么不征求一下他的意见？虽然我们不认识，但他了解我的公司。跟你们老板说，让他来我这儿喝茶，有啥事让老板直接打电话跟我说说就可以了，还劳烦你们跑一趟。"

告辞出去的时候，我相信，这两位业务员已经懊恼到了极点，恨不得找个地缝钻进去。

朋友说："你知道他们刚才到哪里去找我的吗？是我的仓库。"

我再次晕倒……

上述这个推销酒类产品失败的案例，我们很明显能看出：业务员对工作不够用心，对工作要求不高，所以在拜访客户时准备不足。业务员对当地酒类行业态势了解得不够，对自己的产品知识也缺乏足够了解，也没总结自己产品的优点和差异化，对客户也不了解，直接导致业务员和客户的交谈不在一个频道上，聊不到一块，产生不了共鸣。销售行业一个默认的规律是，销

售人员和客户交流要同频，同频才能共情，才会有共鸣，共鸣了才会惺惺相惜，形成交易。不同频就不能同流，不同流就无法交流，不能很好地交流就无法交心，不能交心就不能很好地成交。由此可见，和客户交流时在同一个频道是多么重要。然而，此案例中的业务员很明显不在状态，销售的职业精神不够。我们来具体分析一下：

（1）欠缺处理常见销售场景的人际关系的能力。去拜访客户的时候，不能只给要拜访的人发名片，而是要给在场的所有人都发，如同发香烟一样，不管别人要不要，都要发一遍，这样才不会得罪客户的人。

（2）说话声音小，显得没信心，且不能控场。由于业务员准备不足，欠缺行业知识、产品知识，又遇到一个行业老手，所以就完全被行业老手牵着鼻子走，一步被动，处处被动，最终导致推销失败。

（3）两人没有事前做准备，没设计好交谈的框架和自己一定要表达的内容，也没有意外情况出现时自己如何救场的备案，因此，直到拜访结束，也没能表达清楚自己的拜访目的，更何况是实现目的呢。

“凡事预则立，不预则废”，每一个客户都是一次商机，每一次商机都值得我们认真对待。三思而后行，谋定后而动，要求我们在竞争中脱颖而出。唯有突出，**让客户感到惊艳，觉得我们才是他的最佳供应商，我们才能甩掉一大片，在竞争中获得先机，为成功销售打下基础**。这是销售人员拜访客户的基本思路。

现在的社会节奏越来越快，人和人之间的距离越来越远，很少会有人愿意花时间来慢慢发掘你的内涵，尤其是客户，他是来买产品的，没有时间也没必要去了解你，所以他们**最常见的对待销售人员的策略是“以貌取人”**。人们都喜欢和精神饱满的人在一起，喜欢和开朗、快乐的人在一起，喜欢和带着笑容的人在一起，喜欢和会赞美别人的人在一起，而这些都是销售人员无形中吸引客户的闪光点，我们要多加利用。如果在此基础上加入一些特殊的话术或推销道具，让客户眼前一亮，感到惊艳，觉得我们和其他普通销售员不一样，感受到我们的与众不同，那么客户就会对我们产生好奇，产生欣赏和喜欢的正能量情绪，而这些情绪在客户做购买决策时会诱导他优先照顾我们。由于现在是竞争激烈的买方市场，竞争者众多，如果我们不能让自己实现差异化，不能让客户眼前一亮，感到惊艳，那么很大可能我们就不能签下订单。

20 世纪 90 年代，中国台湾某品牌水力阀门开发中国大陆市场的时候，他的营销行动就很惊艳。在 90 年代，很多阀门销售员向客户推销阀门，只是背着一个公文包，带几本产品说明手册，然后向客户讲解产品手册里的内容。而中国台湾某品牌阀门的销售人员是怎么做的呢？他带着一个司机，开一辆皮卡，皮卡上放置了模拟城市给水排水系统的模型，在整个城市的给水排水模型中，他们公司的阀门应用在给水排水系统的不同环节，和同行相比有何不同、有何优势，一目了然。

每到一个城市的自来水公司——这是阀门厂的最大目标客户，这家公司的销售员就会邀请自来水公司的领导和相关技术人员参观皮卡车上的模型。俗话说，百闻不如一见，眼睛看到的更真实，让人一见难忘，而这样的营销模式在当时可谓是一大创举，让人惊艳不已。因此，他们打开了大陆的自来水公司市场，实现约 3 亿元销售额，一举成为阀门行业的水力阀门著名品牌。

辽宁省盘锦市某商厦销售粮食的销售员谢文章，经过苦练，不需要工具，仅仅用手一拎就能准确说出粮食重量，让人非常惊艳，吸引了很多消费者，他们慕名前来，就是想一睹谢文章的称重绝技，顺便买粮食。谢文章因此销售业务出色，被评为省劳动模范，名利双收。

销售是个竞争性很强的职业，想出类拔萃，让客户对你过目不忘、印象深刻，就要试着在自己的销售工作中增加一些让人惊艳的元素。当然，让人惊艳的东西客户不一定会购买，但一定会让客户眼前一亮，注意到你，会给你带来更多的交流机会。

销售中最有效的技巧之一就是：**精心准备，将自己塑造得与众不同，给人惊艳的感觉。**

那么，销售员让人惊艳的要素一般有：

（1）真诚、友善，心态阳光。

（2）做事前一定会做万全准备，不打无准备之仗。

（3）具体做事时，凡事要做到最好。

（4）做一些创造性的行为，凸显自己与众不同。

（5）工作踏实，言之有物，让人信服。

（6）工作不蜻蜓点水，会全面收集信息。

（7）在某些事件上表现出色，让人印象深刻。

（8）做事追求短期利益和长期利益结合，不贪图眼前小利。

（9）敢承担责任，敢冒风险做事。

（10）主动和人打成一片，有亲和力。

这 10 个要素，如果你具备 7 个或 7 个以上，说明你绝对是个让人惊艳的销售员；如果具备 6 个，说明你还不错；如果具备 5 个，说明你很普通；如果具备 4 个或 4 个以下，说明你还需要修炼自己。

要想让人觉得你惊艳，你现在就必须参照上面 10 个要素，制订一个工作计划，并去执行，以行动来改变自己。

如果你想做到，你就能做到！

宠物狗策略 VS 登门槛效应，逆向转化成为销售高手

很多时候尽管我们坚决反对购买某个物品，但在一些场景下也无能为力，只能眼睁睁地付钱埋单。比如，炎炎夏日的傍晚，你带着家中幼子去小区广场散步，小孩儿见到卖气球的小贩，看到五彩斑斓的卡通人物造型气球，就走不动了，如果这个时候卖气球的商贩并不向你推销，而是直接把气球交给你的小孩儿让他试玩一下，你说，你能在几分钟后从哭闹的孩子手中夺下气球还给卖气球的商贩吗？

不能，你唯一能做的就是买下那气球。

不买？不想买不要紧，你可以试玩一下。一经试玩，你就发现，你已经无法拒绝，只好购买了。这就是宠物狗销售策略。当小孩子路过宠物店的时候，往往会停下来观察那些可爱的小动物，老板劝说小孩子购买的时候，小孩子会说他没钱，也无法决定。有经验的老板往往会建议他先把小狗带回家过个周末，并说："如果不喜欢，你可以在星期一把它送回来。"因为宠物店老板知道，等到星期一，那小孩子就会爱上小狗，说什么也不会把它送回来的。于是，小孩子的家长就会乖乖地赶来，送上购买小狗的钱。

20 世纪 90 年代，创维电视的河南省大区销售总监何总就曾经用宠物狗策略成功地把创维电视的销售额提高到了全省第二。他在推广产品的时候身先士卒，天天逼着代理商、经销商去销售第一线，挖掘某个村庄或小区购买力强的潜在用户，上门游说其购买。如果潜在客户说资金不够，那么何总就会用宠物狗策略，让客户把电视弄回家，先看看质量如何，然后再谈钱的事情，不好的话不收钱，免费退货。其实，他就是鼓励潜在用户先试用再付款买。

在那个年代，对于大多数农村人来说，电视机是新鲜玩意儿，你可能是整个村子唯一拥有电视机的人，你的邻居们甚至会盼望着你能装上电视，然

后他们一家十几人会集在你家看电视。我至今还记得我家里购买我们生产队的第一台电视的场景，那个时候生产队的一个小组约 10 多户人家，一到晚上 7 点钟，各家各户吃完饭，就三五成群地来到我家，我家把电视机放在院子里高高的桌子上，院子里站满了人，就连对着电视机的树上也坐着几个小孩，在远观电视。电视机非常受欢迎，所以每当发现一位暂时无法做决定的潜在客户时，何总他们就会建议他先把电视机带回家试一下。何总他们知道，只要邻居们一看到有人在房顶上架起了天线，他们就会问那户人家能否去看电视。而当邻居们来看了一晚上电视之后，他又怎么舍得把电视机退回去呢?

如果有一个潜在用户被宠物狗策略诱导购买了电视机，很快这个村子的其他人也会购买，由点成线，由线成面，很快一个市、一个省的市场就会被宠物狗策略给打开了。

现在很多商场里有试吃活动，销售汽车的 4S 店有各种试驾活动，学习机构也会有所谓的试听、体验活动。试想一下，你家的小宝宝去某个绘画班体验了两堂课，你也在朋友圈里晒了一些宝宝学画画的图，而且你家宝宝在绘画班玩得很开心，认识了不少小朋友，你说作为家长的你会因为学费要几千元而不让小孩子去参加这个培训班吗？你会让你的朋友们知道你连让宝宝学习绘画的钱都拿不出来吗?

宠物狗销售策略是利用人性中追求快乐的本能，通过让人先体验到拥有自己想得到的东西的快乐，不舍得再损失掉这个快乐，从而诱导用户埋单。宠物狗策略是一种逆向思维，先给你拥有产品这个结果，然后让你付钱埋单。而与宠物狗销售策略相反的销售技巧则是登门槛效应。

很久以前，有位农民专门以帮财主收割、打理庄稼为生。有一年，好不容易辛苦收割完，财主以庄稼收成不好为由，没给一点儿酬劳就直接赶走了农民。农民到了冬天饿得厉害，一天晚上他忍不住敲开了财主家厨房的门。

农民恳求仆人让他靠近灶头暖暖身子，仆人答应了。过了一会儿，农民从怀里掏出几块石头，恳求仆人把炉灶借给他，让他做一顿“石头汤”，仆人很好奇，觉得没什么损失，便答应了。“石头汤”熬得差不多了，农民向仆人借盐，仆人二话不说就给他拿来了盐，顺便看到灶台上有几片菜叶，砧板上有一些肉末，就一股脑放到了“石头汤”里，农民便喝到了入冬以来最丰盛的一锅汤。

心理学家们把这一现象称为“登门槛效应”。这是美国心理学家弗里德曼（Freedman）和弗雷泽（Fraser）在真实实验中发现的心理现象。他们认为，人只要一开始接受了一个小小的要求，接下来便有可能接受更大的要求。这方面的概率为76%，即如果100个人一开始答应了你的一个无法用任何理由拒绝的小小要求，那么接下来会有76个人可能接受你大一点的要求，并且你不需要用任何说服手段。这大概跟人的行为与态度的一致性有关。这种登门槛效应会发生在任何人身上，也包括孩子们。

登门槛效应在销售中又被称为“得寸进尺效应”，是指客户一旦接受了销售员的一个微不足道的要求或礼物后，为了避免认知上的不协调，或想给销售员留下前后一致的印象，就有可能接受销售员更大的要求或礼物。销售员就借助客户的这种心理，一开始接触客户的时候，给客户递一根烟或一块口香糖，客户一旦接受之后，在随后的拜访中，销售员会慢慢加大所送礼物的价值，比如送一个印有销售员公司LOGO的U盘，给客户带一份早餐等。这种现象犹如登门槛时要一级台阶一级台阶地登，销售员凭借登门槛效应可以很容易地一点一点把自己与客户的关系推到一个高度，获得客户的认可和信任。

加拿大心理学家研究登门槛效应时也证实了一个现象：如果直接提出要求，多伦多居民愿意为癌症学会捐款的比例为46%；而如果分两步提出要求，前一天先请人们佩戴一个宣传纪念章，第二天再请他们捐款，则愿意捐款的人数百分比几乎增加了一倍。

1984 年的日本东京国际马拉松邀请赛和 1986 年的意大利米兰国际马拉松邀请赛中，名不见经传的矮个子日本选手山田本一出人意料地两次夺冠，令人们大惑不解。

10 年后，他在自传中揭开了这个谜："每次比赛之前，我都要乘车把比赛的线路仔细地看一遍，并把沿途比较醒目的标志画下来，比如第一个标志是银行，第二个标志是一棵大树，第三个标志是一座红房子……这样一直画到赛程的终点。比赛开始后，我就以百米冲刺的速度奋力向第一个目标冲去，等到达第一个目标后，我又以同样的速度向第二个目标冲去。40 多千米的赛程，就被我分解成这么几个小目标，轻松地跑完了。起初，我不懂这样的道理，我把目标定在 40 多千米外的终点的那面旗帜上，结果我跑到十几千米就疲惫不堪了，我被前面那段遥远的路程给吓倒了。"

小伙伴们，在销售的工作中，很多时候有些事情我们确实无法一下子做到。比如，我们去拜访一家客户的总经理，期望获得总经理的支持，可能由于我们的学识、阅历、能力、匹配度等因素，我们无法当场就得到总经理的认可、支持。那么，我们可以把赢得总经理的支持这个总目标分解为若干个小目标，如山田本一一样，先集中精力完成第一个小目标，然后集中精力完成第二个小目标，如此反复，不断地登门槛，积小胜为大胜，最终所有的小目标都完成了，总目标自然而然就实现了。

总之，销售人员在销售工作中要多尝试将登门槛效应运用到不同场景中，一些难度极大的事情我们要拆解成若干个"小门槛"，一步步地去登。比如，客户到门店选购衣服，如果客户一进门我们就向她推销某种衣服，说很适合她，这会给她带来压力，让她产生防范意识，反而不利于我们销售成功。这个时候，我们让客户自己先看一看、转一转，看看哪一款是她喜欢的，直到明确了客户确实比较喜欢某一件衣服，我们再向其介绍这一款衣服的定位和材质，让其试穿（宠物狗策略），赞赏她试穿后的精气神大不一样，描述这件衣服给她带来的种种好处和魅力，那么客户最终肯定会购买这件衣服。

02

∨
∨

战略升级

创新应用 S1651 赢单策略，成为赢单高手

何为 S1651 百分百赢单体系

“小李，你负责的某某石化的 90 万吨 PTA 项目进展得怎么样了？”

“还可以啊！”

“什么叫还可以？”

“我去拜访某某石化项目组的时候，石化的王主任和我交流得非常融洽，还给我泡了杯茶喝呢！”

这是我以前从事真空泵销售管理工作的时候，和公司负责福建省区域市场业务的销售员的对话。类似这样的对话每天都发生在大大小小的公司的销售部门里，随着精益化、少库存生产的需求，公司要求销售部门能及时准确地提供下一个月的产品需求量，以备公司做生产预测和组织生产，但销售部门却很难用数字清晰地预测出下个月的设备订单量。因为在项目型大客户销售中，决策过程复杂，牵涉的部门和流程较多，竞争者多且竞争激烈，一个项目往往有几家甚至十多家厂商的销售经理在竞争，很难说订单会被谁抢走，所以销售的月初预测往往会失真，不具备预测产品需求量和指导工厂生产产品的意义。

销售的载体是人。销售这件事情无论简单还是复杂，均是人来完成的，绝大多数销售员把一个项目型大客户订单的成功率归因到“客户人”上，认为客户的“人”对自己好，自己的成功率就大增，而客户的“人”对自己不好，自己就会丢单。

在这样的认知下，销售员往往运用关系型销售模式。但人心是最难测的，如果销售员把成功寄托于难测的“客户的心”和对自己的“好”，那实际上是把自己的命运交到他人之手，从而丧失了在商海博弈的主动权。鬼谷子说：“故道贵制人，不贵制于人也。制人者握权，制于人者失命。”企业发展的主动权应牢牢控制在企业家手里，销售结果的控制权应牢牢地控制在销售员手里，这是现代企业经营者、销售从业者必须做到的事情。唯有做到，才能独立，才能自主，才能有更广阔的天地。

通过22年项目型大客户销售生涯的经历和沉淀，以及对近千例大客户销售的实战案例的分析、总结和归纳，再借助前人的营销理念和技巧，我总结出一个能指引销售员跟进客户，从零基础到百分百中标赢单，且能随时计算出自己打单成功率和规划下一步工作思路的销售赢单体系——S1651大客户销售百分百赢单体系。

S1651百分百赢单体系除了引领销售人员自己打单赢单外，还能指导销售部的每位销售人员的日常销售工作，预计销售人员正在跟进的客户打单成功率，并能精准计算出具体赢单率。如果销售助理对每个销售员跟进的项目都进行统计并汇报给销售管理者，则销售管理者就可以将反映全体销售员作战现状的各项目信息绘制成区域市场作战全景地图，这样他就能对每位销售员的打单现状了如指掌，知道每个项目的趋势，是失败趋势还是成功趋势，离成功还有多远，还有什么事情必须去做才能赢得此订单，这有利于销售管理者运筹帷幄和提升销售部整体的业绩。

S1651百分百赢单体系是将销售科学与社交艺术融为一体的销售赢单系统，它不同于传统的讲销售理论和技巧的书籍，这些书籍往往来自于西方的营销界，它们太偏向于销售方案、销售流程、销售技巧等销售科学方面的描述。而中国是一个传统的文明古国，有着自己的文化底蕴和做人做事原则，甚至有些做人做事原则在本质上与西方差异很大。譬如，欧美人喜欢主动表达自己，喜欢冒险，但中国人受传统文化影响，认为内敛中庸才是做事王道，所以，你让一个内敛的中国人去拜访客户，第一次见面就按照西方著名的 SPIN 提问销售法去向客户提很多问题，以此来捕捉客户的需求，这有点强人所难。中国传统文化是“交浅不言深”，外国人喜欢表达、喜欢演讲，但是中国人信奉言多必失，所以西方的一些著名的成熟的销售理论和技法拿到中国来显得有点水土不服，无法实战。而 S1651 借鉴了国外对于销售的科学认知和具体的销售方法，再融入了中国的社交礼仪及为人处事的方法，做到了中西结合。

那么，什么是 S1651 百分百赢单体系？S1651 是一个销售体系，是销售的全景图，是大局观，也是一个销售流程、一种赢单方式、一种知识，告诉你赢单必须做哪些事、说哪些话、见哪些人，以及该如何去做到。

S1651 百分百赢单体系包含这些内容：制度、赢单导航图、赢单方法论、影响客户决策的攻心术以及销售管控系统。对于销售人员和销售管理者而言，S1651 百分百赢单体系不仅仅是一种赢单方法，更是一种赢家思维。也就是说，它不仅是一个我们可以借鉴的工具，对我们有好处，但只是在需要的时候才会用它，而且是我们必须按照它的要求去做每日的工作。S1651 是一个基本的、标准的销售人员的日常工作体系，它是一种赢的方法，更是一种赢的工作内容，如果我们能参考它的要求去工作，控制工作过程，那么就控制了工作结果，我们赢单就是水到渠成的事情。

再精准一点说，所谓 S1651 百分百赢单体系，分别对应的是 1 个 Sponsor（举荐人）制度、1 张作战导航地图、6 个赢单要素、5 大竞争战术和 1 个攻心术。下面来具体分析一下：

1 个 Sponsor（举荐人）制度

大客户销售一般采购周期长、环节多，参与决策的部门和人多，客户情况复杂，真假信息满天飞。销售人员在跟进大客户销售时，经常会遇到一些问题，如：

客户内部关系错综复杂，如何搞懂客户内部权力地图？

竞争对手利用上层关系，我如何应对？

如何突出产品的差异化价值？

如何从卖产品过渡到卖解决方案？

如何回避激烈的价格竞争？

如何巧妙地设计招投标策略？

倘若销售人员不能在客户内部工作人员中找到一个熟知客户内部情况的“线人”充当自己的眼睛和耳朵，帮自己听和看客户内部发生了什么、流传了什么信息，为自己引路，那么无疑是“盲人骑瞎马，夜半临深池”，将是非常危险的。所以，举荐人就是销售之路上的眼睛和耳朵，是“指路明灯”，也是销售策略中帮助销售员赢单的盟友。

在客户内部找到一个指导我方赢单的举荐人，这是一个认知，更是一个制度。那么，销售员在拜访目标客户时，第一件要事是找到一个**举荐人**，让其指引自己，轻松赢单。

1 张作战导航地图

很多销售人员不成功，不是因为他们缺乏工作热情和没有付诸行动，而是缺少大局观。举个例子，你让一个人从南京到北京，假设他从未去过北京，那么他一定很茫然，不知道路在哪里，不知道往哪个方向努力，也不知道会遇到些什么。但如果你给他一份从南京到北京的导航地图，那么哪怕他从未去过北京，他也非常清楚，只要按照这份导航地图一路前行就可以到达北京了。而“S1651 百分百赢单体系”就是一份销售员打单赢单的导航地图，销售员按此地图一步一步前进，就会走向成功。

6个赢单要素

一笔订单的签订，总是有些因素起关键的作用。数以万计的大客户销售订单证明，大客户订单的获得，“找对人、做对事、说对话”起关键作用，而找什么人、做什么事、说什么话主要有6个要素，我们应该围绕这6个要素来规划赢单的控制点，确保订单的获得。

5大竞争战术

销售人员去拜访客户，因能力大小、拜访时间先后、与客户的契合度不同，在打单的局面态势上会有所不同，或领先，或落后，或情况不明、胜负难料。不过，销售打单是零和游戏，胜者只有一个，赢家拥有一切，败者双手空空，所以无论你处在何种态势，都必须要赢。而想赢，就必须有谋略、有方法。我依据多年实战经验，创造了5种竞争战术，足以让你应付无论领先、落后还是居中的局面。你先依据局势确定赢单的策略，再执行具体赢单方法，定会锁定胜局。

1个攻心术

所有的交易都是建立在信任之上的，没有信任就没有一切。销售是通过沟通、交流说服客户购买的一种工作，销售人员说话做事一定要收获人心、让人信任，从而让对方赞同和支持自己的提议，那么如何让销售人员拥有收获人心、获得其信任的能力呢？你可以策划一件感动客户的事情，让客户觉得你是“唯一一个真爱他的人”。

总之，如果一名销售人员能明白商业活动就是促成交换，那么他采用举荐人制度形成一个价值交换的场景，再凭借一张导航图，用一件感动客户的事情来搞定客户关系，然后围绕赢单的六个要素，依据竞争态势组织五种战术中的一种，一击致命，定能拿下订单。

我们该如何学习并应用S1651赢单体系，并依此来要求和规范自己的销售工作呢?

（1）当一名新人刚刚开始做销售工作的时候，一定非常艰难，这是一个基本的规律，谁也逃脱不了。只不过每个人的经验、学习能力和态度不同，所以成长进度会有所差别，但是最终新人和老人的差距会逐步缩小，通常销售人员用半年到两年的时间就会真正成熟起来。正视这个客观规律，是销售经理和销售新人沟通有关业绩问题的前提。事实上，现实中的企业生存状况不允许销售新人拥有这么长的成长期，那销售经理应该怎么办呢? **S1651百分百赢单体系能完美地解决销售新人快速成长的问题。**S1651百分百赢单体系把经验化的技能与销售的科学知识融合到一起，形成标准化、流程化、可操作的SOP（Standard Operating Process），然后将与业绩相关的可量化的指标都量化，如重点客户量、拜访量等；利用大家的力量，比如团队分享或主管陪访；整合产品知识点，建立严格的技能环节的考核制度，并定期考核与抽查；制定晨会、夕会和日评估、周评估、月评估制度。以上所有策略只有一个目的：减少新人的预热期，让其尽快出单。

（2）销售新人工作2～3年之后就会变成销售中坚力量，不过所有行业都有进入成本，都是“两年入行，三年懂行，五年称王”，工作了2～3年的销售员貌似懂了很多，但也只是行业的皮毛，并不能看清行业的本质，这种认知不足的“懂很多”其实很危险，容易导致销售员盲干硬干。销售不是做苦力，它是脑力和体力的结合，更是如马拉松长跑一样存在优胜劣汰。你优秀，不一定会领先，但你若犯小错误，则一定会被淘汰。那么，如何防止这种事情发生呢? 运用S1651百分百赢单体系。

S1651百分百赢单体系如一个筛选机，它是一个标准化的流程，能把工作 2～3 年的销售人员的无效拜访动作以及逾越、偏离设定轨道前进的事宜都检测出来，销售管理者可以借此厘清销售人员的认知盲点，帮助销售人员重回正轨，继续高效地工作。

（3）销售人员工作 3～5 年之后一般会成为公司的销售元老、重要人物、销售管理者，已经形成了自己的销售风格和做事方法，有“谜之自信”，觉得符合自己的都是对的，不符合自己，那一定是对方错了。其实这不算问题，真正的问题是这些销售人员基本都认为自己的方法才是最有效的方法，于是容易做事偏离轨道。另外，这些人一般都 30 多岁了，很多事情分去了他们的精力，有时候会在工作上偷懒。可以说这两个问题是这个阶段最突出的，而想解决这两个问题，必须依靠 S1651 百分百赢单体系。我可以给你发挥自我能力进行创新的机会，但前提是你的工作必须符合标准。而 S1651 百分百赢单体系是经得起检验的销售日常管理标准化流程，这样工作 3～5 年之后，销售人员就犹如千里马，而且会统一思想、统一行动，从而保证目标一致，呈现出惊人的战斗力。

（4）销售管理者最头疼的问题是，如何提高销售人员的能力，确保业绩顺利完成。99% 的公司对新人的培养都是采取销售老人“传帮带”销售新人的方式，但这有效吗？有效成分是多大？经验是可以薪火相传的，这没问题，但是每个人的学习力和领悟力是不同的，效果自然会有所不同。就像初中的学生们，无论数学老师如何呕心沥血地教授知识和经验，能领悟和学习到的只有少数人，大多数人还是听不懂学不会。那么这些学不会的学生是如何提高自己的数学成绩的？通过做大量课后习题这样的笨方法。销售人员的成长也是如此，销售老人最多只是帮助落后的新人学会了理论知识，但是落后的新人会不会做我们就不知道了，只能通过大量的实战磨炼体现出来。当然，磨炼不是瞎琢磨和盲干，而是在一定的规则之下抓重点进行工作，这样才能保证快速成长。而 S1651 百分百赢单体系就能提供这个保证，它犹如一盏指路明灯，告诉销售新人应该做什么、不应该做什么，让他们一直在选定的最高效的高速公路上奔驰，这样自然会成功。

总之，S1651 百分百赢单体系是一个工作方法，也是一个工作标准，更是一个工作流程，它是销售人员为了实现赢单这个结果而采取的一连串有顺序的、可重复的销售步骤。销售人员若能按照这些步骤进行，就能逐步达到赢单这个目的；如果不遵守 S1651 赢单体系的要求呢，则可能偏离赢单的轨道，导致失败。

Sponsor（举荐人）制度：在客户内部找到一个指导我方赢单的人

实力差不多的情况下，25 万人能打败 200 万人吗？

估计你会挠挠头，表示那 25 万人除了有巨大优势进行降维打击外，好像并无其他良法。不光是你，我想绝大多数人都会觉得在实力相当的情况下，25 万人对战 200 万人实在是没什么悬念，死路一条。

那在销售中如果我方有“间谍”帮助，我们销售赢单是不是能逆势飞扬？

作为一个从事大客户销售 22 年的人，我斩钉截铁地告诉你，当然如此，也应如此，必须如此！

做销售工作都是以结果为导向的，你所做的一切最终都是为了赢单。因此，做销售工作首先要认知 Sponsor 的重要价值，并建立 Sponsor 制度，也就是说，做任何单子和面对任何客户，都要在脑海中和行动上给自己画一条红线：“必须发展和建立一个 Sponsor，并在 Sponsor 的带领下赢单。”这样的认知和行动是打单赢单的基础，应该融入销售人员的血液之中，成为打单做单的标配。有这样的认知和行动，销售员基本就有了“借力团队合作”的思维模式，对那些妄想只靠自己努力就能征服市场的销售人员进行降维打击。

深刻认知且付诸行动，凭借 Sponsor 制度形成的全局观、掌控感、领先优势来轻松赢单，这本身就是由于销售认知不同而形成的一种竞争优势。

在大客户的内部组织决策里，很明显，职位不同，其对决策的影响力是不一样的。一家小公司卫生间的洗手液没了，想购买洗手液，即使这样的小事，也不是随便一个人就能做出决定的。首先，使用的人发现洗手液没了，然后他向负责这部分工作的人提出申请，负责的人可能是办公室的某位工作人员，这位工作人员看到使用部门提出的购买申请，自己没权限做主，就会把这个申请向他的上级汇报，请求回复，他的上级就是办公室主任，如果他有权限就签署同意或不同意，如果没有权限，就会继续向上汇报，一直到有权限的人批准同意或不同意，这个具有批准权限的人在销售里被称为“拍板人”。在实际中，拍板人的职位一般是公司的 CEO 或财务总监、某个厂子的厂长、某个项目部的指挥者，这类人基本上都属于高管，可以说，一件事情无论大小，只有这些人拥有最终的裁决权，判定这个事情做不做、怎么做。而销售人员为了掌握自己的打单结果，势必要去拜访客户的拍板人，因为如果你不找到这个人，并和他建立起关系，得到他的支持，哪怕你的事情已经进展到 99%，这个人仍然可以用一句“这个事情先放一放”而把你否决掉。

为了不让自己的努力功亏一篑，销售人员往往要在销售工作中去拜访客户的高层，也就是拍板人。但是见客户的高层并与之进行有效沟通是销售人员最头疼的事情之一，关于这件事情，我听过很多抱怨，比如：

“领导很忙，没时间见我，让我找下面的采购部。”

“项目部的张工说他们说了算，可以完全做主，不让我去找领导。”

“我见到客户的高层领导就紧张。”

“客户的高层领导觉得我们还可以，但是不愿意直接表态支持。”

“我见不到客户的领导，他所有的来电都要通过秘书审查。”

“我不知道对他说什么好。”

这些都是实情，但也都是借口。见客户的高层很明显使很多销售人员感受到了“痛”，但谁不是在一次又一次的痛中成长起来的呢？无论多难，销售人员都必须要见到客户的高层。

那怎么见呢？我们先来看一些数据：

销售人员直接打电话约见到的概率不超过 20%；

公司外部人员介绍（比如高层的朋友）销售人员见到的概率不到 36%；

在公司以外的地方（比如高层在外开会）堵到高层的概率不超过 44%；

客户的内部人员主动带销售人员去见高层，见到的概率超过了 68%。

这些数据告诉我们，销售人员见客户的高层最有效的途径是通过客户内部的工作人员引荐，这个人就是前面我们所说的 Sponsor。

在销售工作里，很多事情销售人员完全凭借自己的能力是很难实现的，比如去拜访一个陌生客户的高层。实战已经证明，你可能会见到，但是见到之后客户的高层会不会喜欢你、欣赏你乃至支持你，那就不知道了。他对你不了解，缺乏信任感，何谈支持呢？而一旦销售人员在客户公司内部找到一个 Sponsor，且这个 Sponsor 把销售人员推荐给客户的高层，由于客户的高层对 Sponsor 是熟悉和信任的，所以对销售人员就会有兴趣，并且会信任他，这就为有效沟通提供了必需的基础。

通常而言，要想让 Sponsor 推荐自己去见拍板人，销售人员必须要给 Sponsor 一个很好的理由：

（1）如果他认为你能给他带来成功，他就愿意带你去。比如，你的专业让他觉得把你带到拍板人面前是一件体现他能力的事，对他有利，那他就愿意推荐你。

（2）如果他需要你帮他争取资源，他就愿意带你去。

（3）如果他需要拍板人帮他承担风险，他就愿意带你去。你知道为什么很多人喜欢汇报吗？原因就在于汇报完后，出了事就是拍板人的。但是，如果他自己说某件事有多大风险，拍板人往往不会认可，而如果销售员去说，就完全不一样了，因为销售员是专业人士，容易得到拍板人的信任。而且提前把风险说清楚，他自己容易逃脱责任。

（4）如果涉及单位太多，需要拍板人协调，他会愿意带你去。

（5）如果涉及战略、投资回报等重要价值的问题，他会愿意带你去。

（6）如果销售员把自己的高管搬来，他会愿意带你去。

既然Sponsor如此重要，销售人员怎么识别出他，并把他发展为自己的线人呢？

Sponsor是客户公司内部或外部那些帮助销售员获得信息的销售关键人物、有影响力的人、拍板人，也是帮助销售员确定销售定位的人，简单地说，就是那些告诉销售员该怎么做才能赢单的人。

Sponsor通常为下面三类人群：

（1）参与整个决策过程的某个副总或者部门的负责人。

一般而言，公司的副总和营销部门的负责人虽然不能最后拍板，但是他们往往可以参与主要的决策过程，至少可以及时地提供进展情况，为销售人员确定下一步工作方向提供依据。这类Sponsor无疑是最有价值的。

（2）销售员所对接的部门的专职工作人员。

这类Sponsor虽然不如上一类重要，但是其可以为销售人员提供一些竞争对手的情报及客户领导的一些信息反馈情况，而这有利于销售人员制定出更有杀伤力的策略，有的放矢。但是，往往竞争对手具体的技术情报是无法轻易从高层领导那里获得的，因此这类Sponsor也是需要培养的。

（3）决策人身边的工作人员。

这类 Sponsor 更多的是指决策人的秘书或直接下级、亲信等。比如行政助理，她们往往是 20 多岁的小女孩，如果方法得当，她们比较好沟通，经常可以为销售人员提供一些意想不到的有价值的情报。

既然我们知道了可以从哪里优先发展起来 Sponsor，那么，Sponsor 究竟在我们打单的时候能起到什么作用呢？我来从以下三个方面分析一下：

（1）他直接影响客户的企业对产品的选择。你之所以能够和企业进行合作，大多数是因为 Sponsor 在积极地向他的同事和相关人员宣传你的产品优于其他友商，他率先提出倡议，游说其他人支持你的产品。其他人在他的游说下也会认真考虑使用你的产品，如果感觉确实不错，就会支持你。

（2）他能够及时知道客户的项目进展情况，也知道竞争对手的情况，并且把这些情况及时地告诉你，从而使你有了充足的信息，能做出更有效的行动策略。

（3）他非常了解客户企业内部的组织结构以及决策程序，能够帮助你找对人，进而能说对话、做对事。

如何在客户公司内部发展一名 Sponsor？

在发展 Sponsor 之前，我们必须要问自己一个问题：Sponsor 为什么要帮助我？

Sponsor 如果不帮我们，我们培养和发展他就没什么价值，纯粹是浪费时间和精力罢了。

换位思考一下，在什么情况下我们会帮助一个人，把他的产品推荐给自己的朋友或上司呢？我从四个方面分析一下：

（1）对方的产品确实好。好的东西自然有人喜欢，有人帮他传播，这就是口碑相传。

（2）对方这个人不错。如果一个人让我觉得放心舒心又能帮我解决问题，我自然喜欢，甚至会把他介绍给我的朋友们。

（3）对方是个大公司，一般大公司的产品都是名牌，名牌是值得信任的，所以我愿意把他推荐给同事。我经过分析和了解，感觉对方销售的产品确实是我们需要的，能够给企业带来更多好处，作为他的客户企业里的一员，我也有责任把好的产品介绍给同事和领导。

（4）其他厂商的销售员得罪我了，我不买他们的，正好他来了，我愿意把他推上去。

图 2–1　我们帮助别人的四个动机

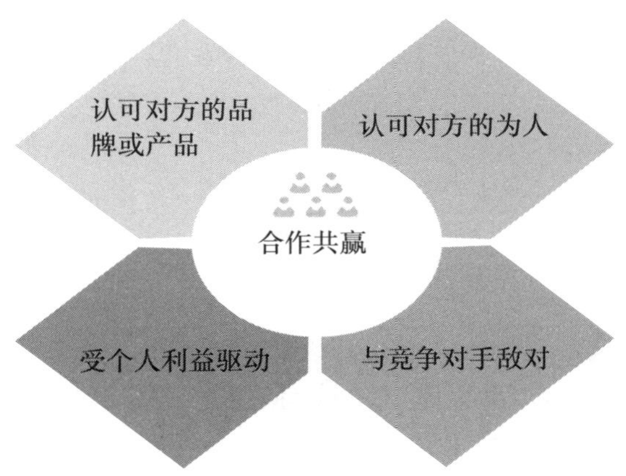

根据这四个动机，销售人员可以分四步把客户企业的内部工作人员发展、培养成为自己的 Sponsor：

（1）建立好感。根据喜好原理，每个人都喜欢自己的人，所以销售人员要喜欢自己的客户，并且让客户知道自己喜欢他。其实每个人都好为人师，销售人员要多请教自己的客户，适当的时候赠送一些小礼物表达自己的喜爱。另外，每个人都喜欢和自己类似的人，所以，销售人员的衣着、谈吐尽量和客户相似。

（2）建立信任。信任来自于专业，所以销售人员要拥有专业的产品知识；信任来自身份，病人信任医生，学生信任老师，所以销售人员要以职业化的服务来获得客户的信任；信任来自眼见为实，所以销售人员要组织客户去参观考察自己的工厂和样板客户；信任来自于熟悉，熟悉了就会信任，所以销售人员要多和客户交流。

（3）帮助 Sponsor 获得成功。没有人不喜欢能帮助自己的人，如果销售人员在某一方面能帮助到客户，自然就会得到客户的喜爱。我曾经在拜访客户的时候，发现一名工作人员的电脑出了点问题，而我是久病成良医，于是就帮这名工作人员鼓捣好了电脑，从那以后，我能明显感觉到那名工作人员非常照顾我的工作。

（4）建立情感缔结。人都是有感情的动物，俗话说，“路遥知马力，日久见人心”，销售人员平时即便没有业务上的事情需要沟通，也要找点其他话题和事情来联系客户，增加感情，尽可能快速地和客户成为朋友，让客户不反感自己，而且会和自己讨论业务之外的事情。不管是初学者还是销售老手，都应该尽可能地和客户成为朋友。虽然不一定能到无话不说的程度，但是遇到一些事情的时候，可以让客户第一时间想到自己。这就是销售人员成功的一点。

如何让 Sponsor 帮你？

我们在遇到事情的时候，不管有意还是无意，总是会基于“这事和我有关系吗”来判定这件事情要不要做，要用多少力气去做。所以，销售人员在某件事上想得到 Sponsor 的帮助，就必须想办法让这事和 Sponsor 有关系。想让其和 Sponsor 有关系，无非就是在“Sponsor 能得到什么”和“避免 Sponsor 失去什么”上做些文章。如果得失都和 Sponsor 有关联，那么 Sponsor 自然就会加以关注和付诸行动，因为这时 Sponsor 会觉得帮销售人员就是在帮自己。

因为产品的属性，我们公司的销售人员需要拜访设计院的专业工程师，游说工程师把我们的产品给设计人员，让他放进施工图里，这样业主才会购买我们的产品。有一个项目是这家设计院的 EPC 项目。所谓 EPC 项目，就是公司受业主委托，按照合同约定对工程建设项目的设计、采购、施工、试运行等全过程或若干阶段进行承包。通常公司在总价合同条件下，会对其所承包工程的质量、安全、费用和进度全面负责。

销售人员拜访了这家设计院的设计主任，在沟通中得悉这个设计主任的小孩想去美国读书，但是政策要求必须要有一个美国当地人做担保，而我公司是美国独资公司，于是我就提出，这个事情我来处理，由公司出面免费给他做担保。实际上公司也确实帮到了客户。设计主任觉得欠了我们一个人情，决定要将我们的产品放进设计图纸里，但是又担心 EPC 项目组负责采购的人质疑他“为什么要让这家的产品进图纸，是不是拿了这个厂家的好处”。他不想承担这个“口碑不佳”的潜在风险，于是提议：“如果项目组的其他成员都提出让这家公司的产品进图，我作为主任顺水推舟，让他们的产品上图，就没人敢说闲话了！这样的话，就两全其美了。”

于是，这位设计主任告诉销售员：“我有意和你们合作，但采购部、技术部、工程部人多口杂，我不太方便主动设计你们的产品。你要想把这件事做成，就去跟这几个部门好好谈一谈。当然了，你不要告诉他们是我说的。”

接着，销售人员按照设计主任的意思，在 EPC 项目组展开工作，并顺利地邀请项目组的人参观考察了生产这个产品的工厂，拜访了使用该产品的客户，项目组对考察结果比较满意，还写了一份考察报告。设计主任依据考察报告，把销售人员的产品给绘制进了图纸里，成为采购的依据。最终呢，销售人员在设计主任的指导下顺利地拿下了此单。

我们来总结一下，在这个案例中，设计主任是这个销售员的Sponsor。他为什么帮我们？因为我能帮他解决孩子去美国读书的担保人问题。在互惠原理的效应下，他决定帮助我们，而在他的指点下，销售员去做项目组的人的工作时更加有的放矢，能始终控制住销售的节奏，最终轻松地拿下了此单。

1张赢单导航图：根据销售规律制定一份赢单导航图

俗话说，商场如战场，知己知彼方能百战不殆。军队在上战场之前一般都要进行多次沙盘推演，让参战军人都熟悉全局，熟悉影响战斗结果的各种因素，让参战军人明白目标点在哪里，己方在哪里；己方通往目标点的最优路径是什么，怎么到达；路上会遇到什么问题，怎么解决；己方自身会出现什么问题，又该如何解决；敌人可能的进攻和防御点是什么，他们可能采取何种策略，他们会制造出什么障碍阻击我方前进，等等。在未来战场上可能会发生的问题、一定会发生的问题，军队都要在沙盘上反复推敲，反复求证，找到最优的解决办法。那么，经过很多次的沙盘演练，实战的时候就会心不慌，胆不怯，知困难，能突破，会胜利。

销售也是如此，销售人员在正式打单拜访客户之前，要知道自己具体在哪个位置，明确目标点在哪里，自己现在距离目标点还有多远，自己到达目标的最优路线是什么，这一路大致会遇到哪些问题，如何有效解决这些问题，这就需要销售人员有一张赢单作战地图（例如下图）。

图 2-2 倪建伟大客户 6 步销售标准流程模型

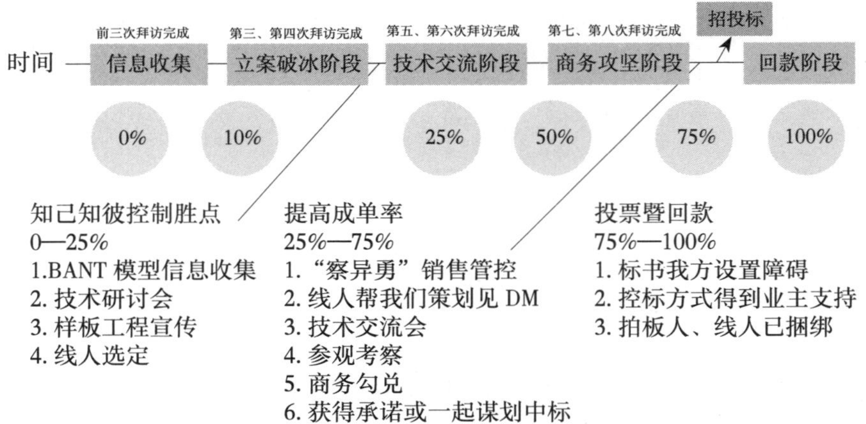

销售赢单导航图是什么?

它相当于销售人员做单赢单的卫星导航系统，就犹如现在你要从深圳开车去北京，在你把目的地“北京”输入导航系统以后，两点之间最优的路线图就出来了，当然还会有其他备选路线，这要看你的考量点是什么，你可以依次选出最优路线。这样一来，导航系统就可以实时为你判断风险。如果前方堵车了，导航会提醒你前方堵车，询问你要不要切换其他路线；如果你在途中不慎走错了路，导航系统就会提醒你已经偏离路线，及时为你纠偏，甚至重新为你规划路线，以免你越来越偏离目的地。

实际上，即使是信息传播如此之快且多到爆炸的今天，仍有很多从事销售的业务人员不知道怎么“开车”才能到达“目的地”。他们手里虽然握着方向盘，但是既没有导航系统，也没有路线规划图，只是凭借自己的经验和感觉在做着销售。在日新月异的时代，昨天的主流知识可能明天就会被淘汰，昨天还畅通的路可能今天就会被拆除。试想一下，如果今天你要从深圳开车到北京，你不熟悉这条路线，也没有导航系统，那么这段路怎么开呢?

形象地讲，销售工作就是走一条完全陌生的道路，过去你的销售理念是“以产品为中心，以差异化的产品服务好客户”这条省级公路，但是这条路现在已经落后了，现在出现了高速公路，出现了“以客户为中心，以客户体验为最高原则”的高速公路，这就是你没有走过的路线。如果没有提前做规划，那么你的车刚刚开出门口，你就不知道该往左转还是往右转了。你不知道方向，难免会经常走错路，这又会导致你情绪波动，时不时还把自己撞得鼻青脸肿。如果这种状态持续下去，那么最后的结局一定是你不想干，不走了。事实上，这就是很多销售人员的现状，在新时代新销售格局的场景下，很多销售人员浪费了很多资源，做出了很多错误决策，最终销售业绩不尽如人意。

因此，赢单导航图的第一功能就是控制风险。从你把车开出门口开始，你就要面临一系列的决策：到一个路口是该直行、左转还是右转呢？销售赢单导航图就是提前帮助你算清楚风险，清晰地告诉你：第一个路口必须向左转。如果转错了，你就要掉头回去。

赢单导航图的第二大功能是什么？有的放矢，精准工作。销售人员的时间有限、精力有限、资源有限，不能眉毛胡子一把抓，不可能所有的客户都跑，所有的事情都做，所有的人都见，这样不分主次地工作，效率一定很低。因此，销售人员必须把资源用在刀刃上，必须优先、抢先做重要的事情，这样才有可能创造出局部优势。但是，什么是重要的事情？谁是重要的人？这必须事先就要理解和标明。而赢单导航图就能做到这些，它提前告诉你，这一路什么人最重要、什么事最重要、什么话最重要，这样你就可以把资源都用在重要的人、重要的事、重要的话上，也就是用在最有价值的地方。

赢单导航图的第三大功能是什么？它是全员必须遵循的标准销售作业流程。这是最关键的功能，直接影响最后的落地成果。赢单导航图不仅让销售人员有了卫星导航系统，知道目标在哪里，知道怎么走，还让销售主管有了一张施工进展图。在这张施工进展图上，标注了每个员工应该做什么、怎么做、什么时间做，每一项都清清楚楚的，因此，这也是销售主管的全员目标管理图。

可能你会感到疑惑：都说做销售要随机应变，见招拆招，为什么我要按照这个流程去规划自己的销售工作?

其实，很多销售人员做某个项目或开发某个大客户，可能开局很顺，但是做着做着就感觉好像卡住了，和客户相处得也不错，但是总感觉有点距离，很难把工作向下一个阶段推进。譬如，2016 年的时候，我的一个同事负责新能源汽车 BSM 天津区域的销售，有一天他被天津某客户的采购人员电话通知："下周一来我们工厂签订合同。"到了周一，我的同事去了，聊了几句后，采购人员告诉他，领导在开会，没时间签订合同。这一等就是一天。周二，我的同事又去找采购员签订合同，结果采购员告诉他"领导出差了，今天这个事情办不了"。周三，我的同事继续去找采购员，采购员说："领导出差回来了，看了一下，觉得你们的报价比天津本地的企业要高得多，要求你们重新报个价。"于是，我的同事又回到宾馆准备了一下，重新报了个价。转眼到了周四，我的同事又去找采购员，采购员说领导开会去了，又让他等一等。

等到周五了，签订合同的事情仍没有着落。采购人员总是以各种看起来很合理的理由把签订合同这个事情往后拖延。眼看就要到周六了，采购部不上班，签订合同的事情可能要拖延到下周了，我的同事心里有点急躁，担心会出现什么变故，就打电话给我说了一下这个事情，咨询我对此事的看法。

我说："所有销售的停滞，无非是两个原因，一个是产品没有得到客户的认可，另一个是商务这块客户没有得到满足。你这个项目，客户既然主动打电话喊你去签合同，说明产品这块客户认可你了，那么现在出现了停滞，说明你的商务没有让客户的采购员得到满足。”

“可是，他见到我就找各种理由不签合同，没办法谈及商务啊。”我的同事抱怨道。

“对采购员而言，他的需求分显性和隐性两种，能公开谈的就是显性需求，也叫组织利益。他身为组织的一员，为自己的组织争取利益是合法的、必要的。但除此之外，他还是社会中的一个个体，作为社会中的一个个体，他也有自己的个人需求，这个需求就叫个人利益，它是不便也不能公开谈的，是不能说出口的隐性需求。这个采购员主动喊你去签单，但又不真的和你签单，而是一再拖延，既然他不和你谈商务这块，那就说明组织需求这块他是满足的，那么说不出的隐性的个人利益需求，你没有满足他，所以才会出现各种拖延。”

一般职场人员都会考量两个利益，见下图：

图 2-3　职场人考量的两个利益

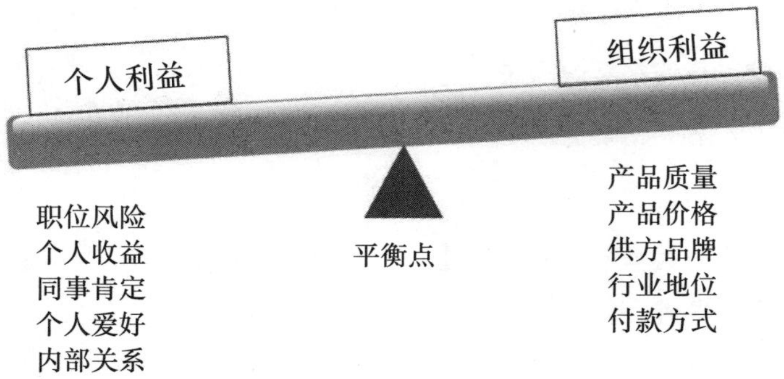

实际上，组织的利益，我们可以公开谈论，比如为公司购买产品时，帮助公司节约了 100 万元，这样的事情当事人恨不得人人皆知。但是个人的利益，一般不好意思谈论。下图就列举了常见的个人利益需求。由于个人隐私的东西不方便谈论，所以这些需求我们称为“隐性需求”，销售人员知道它的存在，但是不能公开地讨论它。

图 2-4　这些人需要赢得什么（personal wins）

· 常识（Recognition）
· 晋升（Promotion）
· 成就（Achievement）
· 个人的发展
（Personal development）
· 身份地位（Status）
· 奖金（Bonus）
· 员工的激励
（Employee motivation）

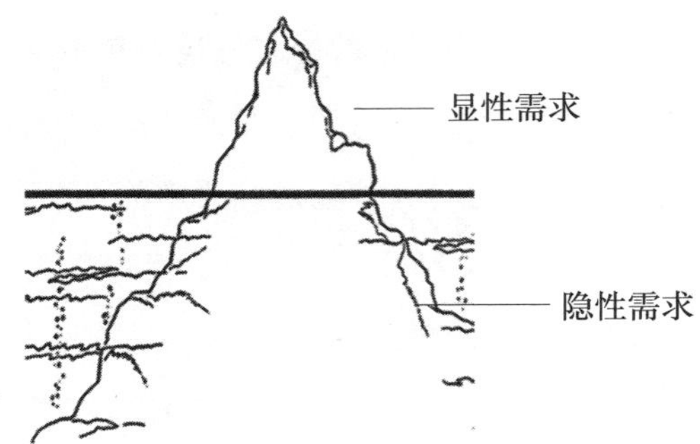

人的需求分显性需求和隐性需求两种，显性需求如同冰山露出海平面的一角，是能看到的，是可以在公开场合说的。譬如，希望自己的工作能获得同事和领导的认可，希望自己通过努力工作获得晋升的机会，希望自己能获得高级工程师这样的头衔和职位。而隐性需求则属于个人隐私的范畴，不能或不适宜在公开场合谈起。譬如，家里刚刚买了房子，装修缺钱，想通过努力工作多赚一点钱来装修房子，这些需求只能埋在内心，不能公开。销售人员要善于发现客户的隐性需求，满足客户的隐性需求，引导其与自己合作，实现各自的目标。

听完我的分析之后，我的同事说道："哦，我明白了，知道怎么做了。"说完就挂掉了电话。

后来我得知，我的同事在当天夜里 8 点多钟给客户的采购员打了个电话，在电话里沟通了一些隐性需求，结果第二天，也就是周六，采购员加班和我的同事签订了供应合同。

这个案例充分说明了按照客户的采购流程地图走的重要性。客户不了解你的公司，就不会对你的产品感兴趣，客户不了解你的产品就不会对你这个人感兴趣，客户对你这个人不感兴趣就没有意愿和你交易，这就是销售时要遵循的规律、做事的先后顺序，销售员一定要牢记。

“大客户 6 步销售标准流程模型”是销售人员赢取订单的导航地图，总共分为 6 步，每一步的完成都是为进入下一步做准备，你前面的事情没做好，问题没解决，那后面一定还会出现问题，销售工作一定会在客户那里出现停滞。哪怕出现一个问题，你绕不过去，就得回头去解决问题。解决不了，或没时间解决，你就会丢单。

赢单地图是无数销售同人的经验和教训的总结，它要求销售人员做销售的时候要遵循要事优先原则，有节奏、有顺序、有方法地去做事。销售人员如果按照赢单地图去安排自己的工作，就一定能走到目的地。下面，我来简单说明一下销售赢单地图的几个特点：

（1）整个赢单导航图是有前后顺序的，前面的事不能放在后面做，反之亦然。

（2）产品不同，赢单导航图的某个点可能会不同。比如在采购时，采购的形式可能会是招投标，可能会是公司内部议标，也可能会商谈一下就采购了。

（3）每个销售人员的所有销售项目都适用赢单导航图，只不过有的环节客户关注得多，销售人员要解决的问题就多；有的环节客户不重视甚至略过不提，销售人员花在此环节的时间和精力就少，但销售人员应尽量按照销售导航地图一个环节一个环节地把事情做好，尽量不要走捷径。

（4）依照赢单导航图工作，进展得快或慢体现了销售人员的销售能力和管理客户的水平。有的销售人员急功近利，直接越过前面几个阶段去见客户，第一次见客户就开始商谈，看起来工作推进得很快，其实在客户眼里很幼稚，是不适合合作的，未战先败。

失败不需要计划，成功需要。成功的销售人员一定会遵循规则，不任意妄为，选择某种最优路径，最终得以成功。那么，这个最优路径一定要源于客户的采购路线。任何正常的采购人员都会遵循他们公司制定的采购标准和采购程序去制定自己的采购路线，而销售人员的最优路径则是与采购的采购路线相对应、相匹配，这样才能踩对鼓点做对事，得到想要的结果。具体分析见下图：

图 2-5　销售流程与客户采购流程相一致

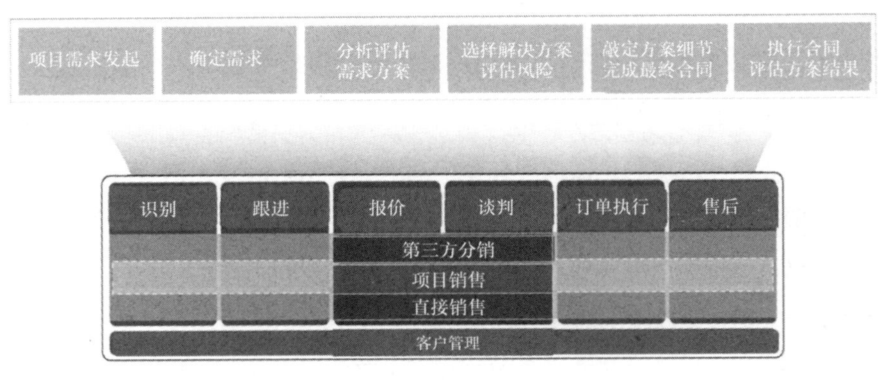

关于客户采购，有几点规律需要销售人员认知到：

（1）所有的客户在每次做出采购决定时都会经历一系列可以预测的和符合逻辑关系的步骤。这些步骤可能会在和销售人员的博弈中被改变，但是客户的基本逻辑不变，那就是关注公司和其个人的利益。

（2）一个人所做出的决策过程中的每一个步骤，在一定的可以预测和符合逻辑的范畴里，是可以被分辨和跟踪的。所谓“盯”客户，盯的就是这些东西。

（3）销售人员的使命是拿到订单，客户采购的使命是依据一定的路径为公司买到性价比最高的产品，所以销售人员一定要弄清楚客户的采购路径并施加影响，在这条路径中寻找一个点，这个点既是客户采购急切需要的又是销售人员能提供的，这个点是双方的交汇点，也是共鸣点，供需双方在此点上达成一致并交换，从而形成以后的交易。

（4）如果忽视并违背了客户的采购决策过程，那么，你肯定会感到迷茫、不满，工作停滞不前，迟早你会失去这桩生意。

这里需要解释一个问题，销售中确有不少案例，没经历太复杂的销售过程，凭着一两个高手的三板斧，就瞬间夺单。比如，有人第一次去某消防工程公司销售消防水泵，客户采购就让他报价，报完价之后没几天双方就签订了合同；某销售员去某乡镇农药专卖店销售农药，第一次就卖了几万元的药材。如此等等，我确实时有所闻。这种现象往往有两种情况：一是碰上了好运，比如客户内部博弈，出现了不可化解的局面，想找个幸运儿进来化解一下，销售员正好赶上了；二是销售员遇到很差的客户或骗子型客户，虽然很顺利地签了合同，但后面却发生了一系列烂事。

譬如，2007 年，某水泵公司新入职的销售代表，上班第一个月就和某小型水电安装公司签订了一份合同，客户付了预付款后，货送到了客户的工地现场，客户应该付尾款，但他却以“会计结婚，没人操作”为理由，让销售员一周后来结清尾款。一周之后，该水电安装公司以种种理由不付款，最后的理由是，该品牌水泵没有入围本地自来水公司的供应商名单，导致他们安装之后甲方验收不了，验收不了他们就拿不到甲方的工程款，自然也就无法给水泵公司付尾款。因此，形成了烂账。

绝大部分情况下，销售人员都需要系统地、扎扎实实地、按部就班地把赢单导航图的每个环节上的事情做好，让自己的成功变成一种按部就班、水到渠成的成功。这样的成功表面上慢，但它是厚积薄发，会慢慢地形成自己的高度和势能，为未来的成功人生打下基础。

也许你会说，那赢单导航图的 6 步流程看起来很简单啊，没有什么神奇之处啊。的确如此，销售工作本身就是一种科学行动和重复行动的组合，它没有太多艺术的成分，而科学的东西总是显得古板和不近人情。不过戏法人人会变，各有巧妙不同。S1651 赢单体系的目的就是在这种普通的流程中找出一条成功率最高的销售路径。

针对上面赢单导航图的6个重要步骤，我还要做一点经验上的补充：

（1）找到客户。这分为两种情况，你主动找到客户和客户主动找到你。这是很多新销售员较难突破的一步。销售能力一般的销售人员应尽量主动找客户，因“首因效应”而形成“先发优势”，抢占客户的心智，从而在竞争中居于优势地位。不过，从事销售行业多年的销售高手应采取让“客户主动来找你”的策略，通过自己的专业知识、对产品的认知及口碑，更好地帮助客户购买到他们心仪的、放心的产品。就像医院的老专家医师一样。

（2）策划拜访。拜访客户要有准备、有目的，尤其是初次拜访，要做一个整体策划，清楚自己拜访客户的目标，预先想到客户可能出现的异议，思考自己如何化解异议，还要预算时间，准备话术。另外需要记住的一点是：要准备问题，而不是准备答案。答案应该是销售人员按交流内容判断出来的或客户告知自己的，而不能在拜访时自己预设答案。

（3）设法找到客户的需求点，并将需求放大为痛点。没有痛苦就不会改变；发现了痛点就制造了商机。

（4）拿着解决客户痛苦的独特方案这样具备极高价值的东西去和拍板人接触，并设法通过语言在拍板人的头脑里构建改变痛苦后的美好愿景。如果拍板人脑海中已经有了竞争对手给他描画的一个美好愿景，那你就要想办法把它砸碎，重新构建一个。

（5）和拍板人建立关系，并争取得到拍板人的支持。

（6）了解和掌握客户的采购流程，自己的销售流程要紧扣客户的采购流程展开，每一步都尽量做到位。

（7）谈判签约。主动利用Sponsor的信息资源，找到一个双方都能接受的价格，促成交易。

实战中，很多销售人员会发现，当他初次拜访客户的时候，客户的采购已经进入了很深的一个阶段，比如已经到了即将招投标阶段，这种情况下，他还要按部就班地走下去吗？有没有一剑封喉的绝招，让客户直接选择他？

有很多招数可以处理这种情况，具体可以见后面章节所提到的5种战术设计，但在这里我想请你注意：在使用任何绝招之前，前面落下的课一定要补上。因为客户的购买流程及销售员的赢单6步标准流程是不会改变的，但凡有一个环节没做，客户就不会那么坚定地支持你，你的工作就会陷入停滞状态。因此，销售人员能做的只有提高技巧纯熟度，争取时间，而不是省略步骤。举个例子，你想用最短的时间吃掉5个包子，只能加快速度不断地吃，而不是直接吃第5个包子。直接吃第5个包子的话，只是你以为自己赢了，其实必输无疑。

在实战中，销售人员要依据客户的工作阶段和工作进展来安排己方相应的销售策略和攻关方法，满足客户在工作阶段内对板块内容的要求，如果达不到客户的要求，客户就会对销售产生疑虑和抗拒，影响销售工作的进展。客户产生需求之后，一定会为要采购的物品制定“采购标准”，这些标准涉及面广泛，比如，是采购进口的还是国产的？是按最低价采购还是按性比价采购？有哪些指标可以来评判计划采购的物品是一个好产品？需要的产品多久能到货？货物是自己安装还是厂家安装？购买的产品能和以前的生产系统完美契合吗？诸如此类，不一而足。只要销售人员有一点没有符合客户的采购标准，客户就会对他们的供应能力产生疑虑，有了疑虑销售工作就会陷入停滞状态。唯有解决了客户的疑虑和抗拒问题，销售人员的工作才能向下一个阶段推进。

总之，销售人员有了Sponsor制度的思维，有了大客户赢单流程作战导航图的概念，知道整个销售流程是什么样子的，知道从什么地方开始、在什么地方结束，其间必须要经过哪些阶段，那么就可以着手准备去拜访客户了。

6 个控单点：把握赢单 6 个要素，实现控单

拜访客户时，我们要做的第一件重要的事情是什么?

是向客户推销产品?

不，不，不，是尽可能地多了解客户的信息。俗话说，知己知彼才能百战不殆，想要打赢销售这场战斗，一上来就卖产品显然是行不通的。在现在这个信息高度发达、随时就可轻易获得信息的时代，人们并不缺少产品知识和相关资讯，如果客户的需求还没提上议事日程，还没决定购买，而这时你就向他推销，只会骚扰客户，并因为强势的推销而激发客户对销售人员的防范意识，反而把销售这件事搞砸了。

所以，销售人员决定拜访客户时，前期要做的并不是推销，而是采集客户信息。采集的信息越多，销售人员越能从信息里分析判断出客户的需求强弱，制定出下一步行动策略和方法。

那么，都需要采集客户的哪些信息呢? 我们按照下面的 BANT 信息采集模型收集信息即可。

图 2-6　BANT 模型

- Budget：预算（软件、服务、硬件、其他）
- Authorization：决策（组织架构、采购流程、决策者、工作对接人、担保人）
- Need：需求（要解决的问题、需要的设备、需要的服务、每一个人的隐形需求是什么）
- Timeframe：时间表（招标时间、采购时间、实施完成时间）

BANT 信息收集上来以后，销售人员就可以根据 MAN 法则断定是否将这个客户确定为目标客户，值不值得自己立项跟进。所谓销售的 MAN 法则，

是指对销售人员而言，真正值得耗费时间和精力去开发的客户应该同时具备三个要素：金钱（Money）、权力（Authority）和需要（Need）。

这三个要素英文名称的第一个字母合并在一起恰好是“MAN”，所以这个识别真正客户的方法被称为“MAN 法则”。不是每个客户都是你要跟进和与之成交的客户，有的客户没钱，你即使给他下跪，他还是不能买你的产品。所以，只有同时具备购买力（Money）、购买决策权（Authority）和购买需求（Need）这三个要素的客户才是合格的客户。现代推销学中把对某特定对象是否具备这三个要素的研究称为“顾客资格鉴定”。顾客资格鉴定的目的在于发现真正的推销对象，从而避免找错人、找错客户而浪费推销时间，提高整个推销工作的效率。

如果你挖掘到的潜在客户符合 MAN 法则，你确定他正是你的目标客户，那么你就要考虑如何跟进这个客户，做好公关，并期望最终能与之成交。但是，你要跟进客户什么事情？你要公关什么人？你要做点什么才能确保自己能赢得这份订单？

举个例子，2011 年 5 月 20 日，还在捷克南摩拉维亚省首府布尔诺（Brno）拜访国外客户的某车集团的营销总监焦枫给我来了一封信，信中谈到了他对大客户赢单的一个认知。

倪总：

您好！

我做工业品销售有 3 年多了，我对 3 年来自己的销售工作也有一点感悟，但我不敢确定其中的思路是否正确，或者这个思路是否会误导我今后的销售活动。

所以请倪总务必在百忙之中予以指正，多谢！

最近我在跟进一个项目，金额大概 2 亿元。做成功的话，也算人生中的一个骄傲。如能得到倪总的指点做成此单，小弟不胜感激！

祝好！

一个敬佩您的同行　焦枫

他的感悟洋洋洒洒地写了约有1400字，内容如下：

销售就是歼灭战

客户要么偏向我们，要么偏向竞争对手，要么中立。

对于某个项目，销售人员要做的工作其实很简单，就是找出客户内部由上至下所有关键人，然后针对这些人不同的特点，使用不同的手段，让他们立场坚定地站在自己这一边。这些关键人包括技术、采购、项目、销售、财务、运营等部门的人，包括直接客户以及间接客户，只要这个人对这个项目的归属有话语权，他就是关键人。

对一个项目，能够搞定80%以上的关键人，让其坚定地站在你这一边，这个项目基本上就跑不掉了。用战争术语讲，这已经达到了歼灭战的效果。因为这样就已经可以把你的竞争对手歼灭于无形之中了。

而如果只搞定70%的关键人或者比这更少，就很难形成歼灭战的态势，一不小心你会被竞争对手歼灭。

如果能够同时策反竞争对手内部的关键人员，那将会对你更加有利。所以，销售中歼灭战的宗旨是搞定人，让人信赖你、支持你，立场坚定地站在你这一边。从另一个层面上讲，销售就是和客户80%的关键人合作，在项目运作过程中的每个关键环节一起制定策略，去歼灭竞争对手以及客户中支持竞争对手的关键人。

所以，作为一个老辣专业的销售，你应该时时刻刻问自己几个问题：

（1）这个项目的几个关键人是谁？

（2）他们在整个战局中分别处于什么位置？

（3）他们各自又是什么关系？

（4）整个战局的每个阶段，这些关键人凭什么要立场坚定地和我合作，而不是和竞争对手合作？（只有一个原因，你已经找到了他们的七寸，并且牢牢地掐住了他们的七寸。）

（5）他们的七寸在哪里？用什么方式去掐？选择什么时机动手？

（6）竞争对手目前是怎样和这几个关键人合作来排兵布阵的？（竞争对手的战术思路。）

（7）纵观整个战局，竞争对手这样排兵布阵的最大弱点在哪里？

（8）以竞争对手战术弱点为基点，应该如何和关键人合作布局？如何排兵布阵，方能保证有80%以上的胜算彻底歼灭竞争对手？

如果你不能对上面8个问题的答案了然于胸，说明你不够老辣、不够专业，段位稍高一点的对手会乘机操控项目，暗中把你逼上死路，并且你没有任何机会还手。

而如果你能够对这8个问题的答案了然于胸，行动迅速，举措得力，且运气不差，那么只要是你出手的项目，10个项目你能够拿下七八个。

那么，如何准确地回答上述问题呢？答案是：发展和利用好内线。

内线可以帮你分析关键人是谁，他们的位置，他们彼此之间的关系；

内线可以帮你观察分析每个关键人的七寸；

内线可以帮你观察竞争对手的排兵布阵、竞争弱点等。

一句话，内线可以帮助你照亮整个战场的每个角落。依此，你可以大胆放心地制定周密的作战策略。可以说内线对整个战局起着绝对关键的作用。

一个项目从头到尾就是一场战斗，而你从一开始就要下定决心必须打一场不给对手任何还手机会的歼灭战。因为，你不歼灭对手，就会被对手歼灭。最高明的歼灭战，是让竞争对手在战局的每个关键阶段都以为自己稳操胜券，而实际上他时时刻刻都处在你和关键人的层层包围之下，随时会被歼灭。销售是个很有意思的工作，不仅可以体验到战争中敌我双方对抗的快感，而且可以交到许多一辈子的好朋友，碰到令自己敬佩的对手。最关键的是，如果你和客户的关键人长久合作，建立了坚定的友谊，客户就会成为你一辈子的合作伙伴。

焦枫的销售感悟应该说是一种朴素的对如何赢得一场销售战斗的节点要素人的把控，但是把控住人就能百分之百赢单这个结论是站不住脚的，还欠缺一些其他的必要的赢单成功要素的整合。要知道销售赢单是很复杂的，它取决于客户对要采购产品的期待，销售方能否捕捉到客户的这种期待，以及如何与竞争对手们相比，更能满足客户的这些期待。一个订单的赢得，实际上是销售、客户、竞争对手这三方博弈的结果，而这三方均有自己的考量和期待，也有实现己方目标的策略和方法。所谓知己知彼方能百战百胜，而销售人员想完全做到知己知彼是不可能的，总有一些信息不对称，这个时候就需要在客户那里建立一个线人。线人能使销售人员弥补信息未能及时到位的短板，从而使销售人员能做出更加完美的下一步行动方案。从这个意义上说，做大客户销售，在客户那里建立一个甚至多个线人是不可或缺的基本工作。

不过，发现和培养一个 Sponsor（更合规的叫法是工作对接人、管理员、内线等），仅仅是销售成功的一个重要要素。在我长达 22 年的销售经历中，在几百次大项目大客户的运作中，在多次打单赢单丢单的过程中，去除层层迷雾，经过归纳和排除，我总结出真正能使一个订单成功的 6 个要素：

· 保荐人（也叫线人）
· 拍板人（也叫决策者）

· 样板工程（也叫公司经典案例）

· 客户采购决策标准

· 客户采购决策流程

· 创造性的解决方案

若我们继续抽丝剥茧，进一步回溯，会发现社会是多么多变复杂，事物是多么变化无常，但归根到底，无非是人、事、物这三个要素构成了社会这个万花筒。道家说“一生二,二生三,三生万物”，同样的道理，什么人，借助什么物，做了什么事，“人、事、物”的不同，就形成了瑰丽丰富、复杂多变的社会和每个人的人生。人世间所有的事，无论是惊天动地的大事件，还是鸡毛蒜皮的小事情，不都是一些人做了一些事说了一些话构成的吗?

再简化点，这个社会那么复杂，但本质上最核心的点就是：人 + 事 + 话。

换句话说，销售这个事情，要想赢单，无非就是要做到 9 个字：找对人、做对事、说对话。

所以，赢单的秘诀就在于：找什么人、做什么事、说什么话。

那么，将“找对人、做对事、说对话”这 9 个字与之前大客户赢单的 6 大要素相互对应，我们就可以这样进行归类：

找对人要素：客户内部的工作对接人（管理员）+ 决策者（拍板人）

做对事要素：了解和影响客户的决策标准 + 决策流程

说对话要素：宣传样板工程（经典案例）+ 提出创造性解决方案

找对人之销售人员为什么需要举荐人?

举荐人是具有一定影响力且能帮助你进行销售的项目组成员，他的基本特质是:（1）有能力和影响力;（2）他需要的是解决方案，而不是只想要产品;（3）他关心自己的职业生涯，希望往上升;（4）他具有实际操作的职责（而不仅仅是协助人员）;（5）其他人对他的评价是正面的;（6）他能够承担风险，机智，在上层管理者中有眼线，能够了解管理层的决策信息。

举荐人是销售人员在客户内部的销售合作伙伴，他能提供内部的详细信息和建议，指导销售人员进行销售活动和制定策略；提供竞争对手的信息；为销售人员提供客户内部的资金状况、决策流程，内部人员的相互关系、喜好、对供应商的看法等。因此，销售人员需要举荐人。

找对人之销售人员为什么一定要找到并获得拍板人的支持?

拍板人一般是公司里的 CEO、财务总监、人力总监等。他们关心的问题是：ROI（投资回报率）是什么？风险在哪里？拍板人对项目的成败全权负责，具有项目启动时间的决策权，具有否定的权利，还有支配资金和资源的权利。因此，销售人员一定要找到并获得拍板人的支持。

说对话之销售人员为什么需要重点宣传经典案例?

什么是经典案例?

定义：在用户的同行业里的成功案例，最好具有行业的领先性。
典型案例包含：
- 客户名称 / 确定的项目
- 目标 / 动机 / 历史问题
- 结果 / 提高 / 节省成本 / 用户的评语
- 可参考的解决方案

为什么宣传经典案例非常重要？

- 是一个被证实的可衡量的竞争优势
- 是一个技术先进性的证明
- 直接可看的 / 可以量化的 ROI
- 加深用户对我们解决方案的理解
- 帮我们建立很强的支持者

说对话之为什么销售人员提出创造性解决方案至关重要？

什么是创造性解决方案？

定义：为客户和潜在客户提供一个独创的、竞争对手无法超越的、最大程度满足客户需求的方案，使客户真正认知到我们的价值，没有道理不选择我们。

创造性解决方案要点：
- 创造性解决方案代表成交，建立支持者，利益，好处，梦想，荣誉，财富引爆点，你必须提出自己的创造性解决方案
- 创造性解决方案的重点要放在客户最需要、最担忧、最缺乏的事情上，且言出必行
- 必须宣贯，使客户所有相关人员皆知、理解、相信我方创造性解决方案

为什么创造性解决方案很重要？

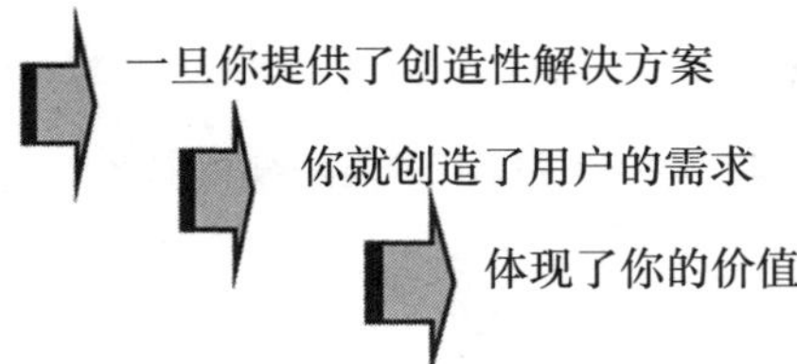

创造性解决方案可以帮助我们建立和组织销售策略。
- 演示
- 评估标准
- 经典案例

做对事之销售人员为什么要主动影响客户决策标准?

什么是决策标准?

衡量供应商财务 / 技术 / 业务发展的优势
用户关心的问题:
- 用户的需求
- 什么是最重要的
- 怎样进行衡量
- 怎样进行比较 / 比较什么

决策标准会涉及:
- 成本和 ROI 确认
- 技术上确认
- 是否容易和历史、传统匹配集成

为什么决策标准很重要?

决策标准是用来对供应商进行评估和对比的。

做对事之销售人员为什么要主动影响客户决策流程?

什么是决策流程?

定义:正式 / 非正式地从对厂家的了解 / 评估到最终选一家产品的一系列活动列表(评估 / 删除 / 选择产品)。

如何获得这些信息:决策者以往的决策流程

为什么决策流程很重要?

决策流程和选型小组相对应地帮助我们:
- 定义关键的里程碑和活动
- 销售计划和策略
  A. 选型小组关键人物是竞争对手的决策者
  B. 针对流程中关键人物提供不同的策略
- 发现或预计潜在问题并制定相应的解决方案
  A. 考题
  B. 评审会

销售人员想推进工作，得到“赢”的结果，就必须要“找对人、做对事、说对话”，那么客户的哪些人是我们必须要找的，哪些事情是必须要做的，哪些话是必须要说出去的?

实战证明:

必须找的人：客户的决策者、工作的对接人（要发展为举荐人）。

必须做的事情：了解和影响采购标准、采购流程。

必须说的话：样板工程宣传、提供独特的方案。

这就是销售打单成功的六大要素。

5个赢单拐点：找到决定胜负关键点，前期公关与推进

在销售工作中，很多新手销售员经常会听到老销售员说：“这个项目你控单了没有？”“这个项目你丢了很正常，因为你没控单啊。”

听到老销售员这样说，新手销售员一般就“蒙圈”了：控单？什么叫控单啊？公司销售培训时，没有人告诉我什么叫控单啊?

那么，什么叫控单呢?

我的理解是，控单就是控制过程，因为控制了过程就控制了结果。控单一般包括三个方面：

（1）控单是指销售员对客户项目的销售过程进行控制，目的是确保项目中标。

（2）控单对象是指销售流程中影响项目成败的人和事。

（3）控单的手段主要是在正确的时间对正确的人做正确的事情。

销售员如何让自己在正确的时间对正确的人做正确的事情呢？其实，只要记住“653”这个数字就可以了。

所谓“6”，指的是对项目的路径节点进行控制。我把从最初挖掘潜在客户到最终签订合同的整个销售活动划分为6个阶段，这6个阶段实际上就是前面提到的销售人员做单赢单导航图，具体如下：

（1）信息收集阶段。

（2）客户接触阶段。

（3）客户技术交流阶段。

（4）客户商务勾兑阶段。

（5）招投标现场控制阶段。

（6）合同执行阶段。

根据销售流程的这6个阶段，销售人员要判断出己方销售处在哪一个阶段，然后在这个阶段里做正确的事。

比如，销售员是第一次拜访客户，属于典型的客户接触阶段。这个时候销售员和客户刚刚接触，需要吸引客户的注意力，让其对自己感兴趣，这样才能使销售工作向前推进。那么如何吸引客户的注意力呢？

你可以用“悬念法”去吸引客户的注意。

比如，销售员可以对客户说：“张工，最近某某煤炭公司出现了井下瓦斯爆炸事件，您听说了吗？被这件事情牵连的人可不少啊！”接着，销售员可以说，“太可惜了，要是他们买了我们的瓦斯泵，根本就不可能出现这个事情。”

用悬念法吸引客户注意时，销售员可以制造悬疑气氛，引起客户的好奇，然后在解答悬念的时候，有技巧地把自己的产品推介出来。

整个销售活动可以分 6 个阶段，每个阶段都有各自需要完成的工作，销售员做完一个阶段的工作就可以进入下一个阶段，以此类推不断推进销售工作，直至最终走向成功。但是销售工作是多方对自己利益最大化的博弈，参与者有我们、有客户，也有竞争对手。有时候我们介入一个客户时，可能竞争对手早已经和客户接触了，或许已经和客户达成某种默契，这个时候表现出来的态势可能是客户会不待见我们，不配合我们的销售推进。如果客户与竞争对手暗地里“私订终身”，甚至客户拒绝我们，会导致我们的工作无法继续推进，陷入停滞的状态。有时候我们的销售人员能力有限，无法获得客户的好感和信任，而同时参与竞争的友商们也有不少，这个时候就出现“肉少狼多”的局面。俗话说物以稀为贵，当客户有很多选择的时候，他往往也会有意让销售进展迟缓，甚至停滞，以便自己能更好地、从容不迫地进行货比三家或“待价而沽”。

当我们的销售工作推进陷入“停滞”这样的局面时，说明我们在客户的评估印象里还不是“最佳”的供应商，还不是“一定”要合作的伙伴，说明客户还在对其他的供应商进行评估，从而挑选出“最有利自己的”供应商。所以，实际销售工作中，当我们的销售工作进入“停滞”状态时，其实是我们销售人员工作做得不到位，没有获得客户的信任，没有让客户感觉我们是最适合他的供应商的一个预警信号！这个信号警告我们：

除非能找到有效获得客户信任的途径和方法，否则客户可能会选择其他厂家为合作对象！

也就是说，能否突破销售工作中遇到的“停滞”局面，是一个拐点。如果我们突破了“停滞”，我们的销售工作得以继续推进，就进入了下一个商务成交阶段；而一旦突破不了“停滞”，我们就会原地踏步，工作无法进一步推进，以至于被竞争对手超越，最终无声无息地迎来了失败。

实际销售工作中，销售人员一旦遇到“停滞”这个工作局面，往往会八仙过海各显神通，都会主动地求变，通过邀请客户参加新的活动来增加与客户之间的互动，从而在互动中让客户更多地了解我方、熟悉我方，最终信任我方。销售人员最常用且最有效的突破“停滞”的方法基本就是5种，也就是653中的“5”，是指销售人员要在客户那里做5件事：

（1）向与销售相关的人大力宣传自己的样板工程。

（2）至少组织客户参加一场技术交流会。

（3）邀请客户参观自己的样板工程。

（4）邀请客户来自己公司考察。

（5）加客户的微信，看他的朋友圈，看看客户喜好什么，陪他做他喜欢的事情。

这5件事情执行起来不难，难的是你要真正去行动。只要你去执行，你就是在做正确的事情，就会推动销售工作朝着胜利的方向进展。然而，每个销售人员几乎都有患得患失的毛病，他们常常会想：“我邀请客户参加技术交流会，万一客户拒绝怎么办？”“我请客户参观我们的样板工程，客户最近很忙，肯定不会同意的。”“客户怎么可能去我们工厂考察啊！”如此种种，还没行动，自己就把自己吓倒了。但是你知道吗，“眼见为实，耳听为虚”，你向客户介绍一万遍产品，不如让客户亲自触碰一下产品。

这5件事其实就是你这个单子的拐点，如果做了，比如你带客户去体验你们的产品，你就会趋向胜利；如果你怕被拒绝，就不行动，而只是一味地吹嘘你们的产品有多好，那么你的竞争对手一定会行动，于是客户考察了竞争对手的工厂，那你说，客户会更信任哪一方？哪一方的成功率更高？

有一次，我去武汉一个建筑设计院见客户的时候，客户告诉我他的爱好是打乒乓球。

我说："啊，乒乓球是两个人的运动，你有固定的搭档吗？"

他说："不好找，所以我也很少打乒乓球。"

我说："那不如我们去打一场，看看我们的水平是不是接近，如果接近，我们就搭档练练。"

于是，我们便相约两三周打一次乒乓球。这样一起锻炼身体，特别能加深与客户的感情，很多重要的事情，我都是在打乒乓球打累了休息的时候说起的，然后设计院的这个客户就帮我去张罗实施。

这些年，我陪客户去寺庙里烧过香，去钓过鱼，去游过泳，甚至还陪客户唱过京剧，做了很多事。其实，当销售员和客户一同做某件事情的时候，已经由推销关系变成同伴关系，是一个战壕里的战友了。这个时候，生意的成功便指日可待。

653 中的"3"是指销售员要在客户公司内部结识 3 个人：

第一个是举荐人。销售员一定要在客户公司内部培养一个举荐人。

第二个是拍板人。这个人一般是客户公司内部的最高领导，他能决定销售员的产品单子的最终走向。

第三个是关键人。这个人一般是客户公司的中层干部，虽然不具有生杀大权，但是如皇帝身边的亲信，一句话、一个态度就可能会改变你的单子的命运。

只要销售员在客户公司内部找到这三种人并维护好与他们的关系，基本上就实现了找对人这一目标。

最后，我们把"653"整合一下，进行全局思维，其实就是在正确的时间节点结识正确的人做正确的事情。

总之，销售员在销售工作中要经常问自己，是不是完成了"653"控单指标，如果没有做到，那就赶快行动吧，将命运紧紧握在自己手里，向成功前进。

1 个攻心术：策划一件让客户感动的事，影响购买决策

参加过我的培训的学员中，有一个漂亮的东北女生，拒绝了两个官二代和一个富二代，最终选择了一个普通的公务员结婚了。我问她原因，她说："倪总，追我的人中比他有钱有势的太多了，甚至有一个富二代直接把我带到一个房子前，对我说'只要你和我谈朋友，我马上把这套房子过户给你'，我都没动心。有一次我生病比较严重，走路都很困难，那些有钱有权、口口声声说爱我的人都不在我的身边，反而这个普通木讷的公务员来医院守护我，扶着我东走西走。出院的时候，他对我说：'我没钱，但是我愿意照顾你一辈子，不变心。'"

没有豪言壮语，这个木讷老实、普通内向的公务员，仅仅用一句"我愿意照顾你一辈子"，就打败了那些号称能给她房子、车子，让她幸福的人，最终抱得美人归。

联想到销售工作上，你想一想，你有没有做过什么事情或者说过什么话让客户很感动，想"嫁给你"呢？如果没有，你凭什么赢得客户的心，获得订单呢？

金额较大的交易，客户的采购特点是"理性选择，感性决策"。譬如，我们想买一个电冰箱，于是我们去网络平台销售电冰箱的各个旗舰店收集资料，做各种比对，经过一段时间的比较和消化之后，我们会倾向于购买某个性价比高、适合自己的产品。这个过程叫理性选择。我们虽然确定了某个品

牌的某一款产品是我们打算要购买的，但是我们还是有点不放心，担心上当吃亏，于是就会搜集这款产品的一些评价，尤其是第三方购买者的真实评价，其实好评和差评都不会影响到我们的决策，但是这款产品肯定有一个点是我们所关心的、担忧的，怕在这个点上出现问题。一旦第三方点评里，有个购买者在我们担忧的点上评价不好，我们瞬间就认为这个产品不行，于是购买的意愿就消失了。你看，本来自己已经经过理性思考、理性判断，且货比三家，决定要购买某一个产品，但第三方购买者的一个小小点评，就使我们产生了担忧，瞬间被情感裹挟，直接做出不买了的决策。这就是大金额交易客户决策的特点。

在 S1651 赢单体系中，S165 都是理性的驱动，客户经过理性判断，觉得我们是最适合他的，所以才会选择我们。但是，理性形成的只是结论，而不是行动，让客户行动起来，立即购买的，是客户的感性，是客户的某种“情绪”。打个比方，理性能让我们把水烧到 99 摄氏度，能让我们突破竞争对手的层层封锁、堵截，把球带到球门前，但是临门一脚——最后这 1 摄氏度，一定是“情感”下达的行动指令。基于此，销售人员在跟进客户的后期，一定要策划一件或多件事情让客户感动。客户因感动而对销售人员有感情，在感情的驱动下，客户就会做出购买产品的行动或承诺。

那么，这件让客户感动的事情，就是 S1651 赢单体系中最后的 1，是临门一脚的 1。

下面举几个例子说明一下：

某西餐厅里，正值晚餐时间，宾朋满座，几位琴师在现场演奏出了一曲曲优美动人的乐曲。这时，一个服务员看到一桌客人正在交谈，小姐的话语传到了服务员的耳朵里：“我现在特别想听用钢琴和小提琴演奏的《爱相随》。”服务员马上走到琴师跟前，说明了情况，忽然，一曲悠扬的《爱相随》响起，那位小姐吃惊极了。当她看到服务员微笑的面孔时，立刻明白了，十分感动。细节最能打动人，服务员听到顾客想听一首歌，然后和琴师说了，很简单的一个行为，却让顾客收获了感动。将顾客的需求放在心上，用心服务，这才是最佳服务，也是最佳的销售技巧。

2018 年，某知名房地产公司在武汉建大型住宅区某某小区，根据经验预测，需要水泵的总金额约为 150 万元。某二流水泵公司在本地市场上受排名靠前的一流水泵厂家挤压，业务长期不振，只能把精力放在郊区市场上。即使这样，这家二流水泵公司的日子也很难过，因为一流水泵厂家迫于业绩的压力，也在不断地开发郊区市场。正在建设中的木兰湖边的某某小区，由于项目规模较大且地块比较集中，渐渐成为各水泵厂家眼中的肥肉。作为最早把这个片区当作主战场经营的某二流水泵公司的销售经理陈兵备感压力。陈兵也明白，自己能不能把木兰湖这个地块的水泵市场守住，很大程度上取决于能不能拿下这个小区。从某种意义上说，想活着，就必须啃下这块硬骨头。

陈兵去拜访小区负责给排水设备的工程师、工程部经理，和他们交流了一个多月后，发现设备的采购决策权被项目部李总一手把持着。李总为人强势，做事干练，属于精力充沛、说一不二的人。看来，不过李总这一关，销售工作根本无法开展。

陈兵上门拜访了几次，李总要么不在，要么借口开会、工作忙之类的拒绝见面，最好的时候，也只是谈了 2 分钟就把他推到下面的工程部部长那里。而在李总身边工作的人，或是和李总没有特别的私交，或是和此事没直接关系，起不了什么作用，从而拒绝介入。

“真是油盐不进啊！”陈兵郁闷地感叹道。碰到这样一个人，不知如何下手，但又不想就这样放弃。

正面进攻的尝试显然是失败了。陈兵想了想，觉得从李总的亲朋好友那里也许可以找到接近他的机会。

但一圈跑下来，陈兵感觉问题越来越棘手。

经工程部王部长的指点，陈兵打探出李总的爱人在郊区的绿色水果专卖店卖水果，陈兵便去店里买了几次水果，和李总的爱人聊了几次。他发现李总的爱人属于传统的相夫教子型的妇女。以陈兵多年做销售识人的经验来看，她不愿意也不太可能去游说自己的丈夫。

时间就这样一天天过去了，面对不断逼近的采购期，陈兵越来越慌了，但慌有什么用?

实在没办法的时候，苦干也是一种方法。于是，陈兵隔三岔五就去拜访李总。反正也不管李总如何对待他，他就自顾自地谈谈公司目前的新情况、新产品在其他项目上的使用情况，也会时不时地来送一些新出来的资料，聊个几句然后就走了，每次拜访时间不长。另外，即使出差在外地，他也会打电话过去问候几句。只是李总仍不为所动，碰到情绪不好时，陈兵甚至会被骂出来。不接电话，或三言两语就将他打发掉，更是常事。

几个月下来，陈兵依然没什么实质性的进展，不过时间久了，人也比较熟了，陈兵和李总谈话的气氛慢慢地向好的方向发展，最明显的是，当秘书向李总汇报陈兵来访时，大部分时候李总都允许陈兵进去。

在一次上门拜访时，陈兵发现李总不在，秘书告诉陈兵李总去外地出差了。陈兵隐约觉着这可能是个机会，于是就给李总打个电话，说自己来拜访他，发现他不在，然后就停顿了一下（这是个销售技巧，叫“沉默效应”）。在停顿的时候，电话那头的李总开口了，他说自己正在上海考察某个项目。

陈兵立即在电话里表示想去上海见见李总。因为，这个小区的水泵采购计划正在酝酿中，给陈兵的时间不多了，所以他想抓住一切可能的机会，真的想去上海找李总谈一下。陈兵很清楚，一个人在一个陌生的城市，是孤独的，是想找个人陪的，所以去上海找李总是一个很好的沟通和表现的机会。

但李总谢绝了，说第二天就返回武汉了。

陈兵没有放弃，直接买了飞上海的机票。到了上海，他给李总打电话，说自己到了，还没吃晚饭，约李总一起去外滩的一个餐馆喝喝酒、吃点饭。李总居然答应了。于是，两人第一次坐下来一起吃了个饭。

在酒足饭饱之余，李总称赞了陈兵对工作认真负责。谈及工作，李总对陈兵说："下周可能安排工程部的人去各水泵厂的客户那里调查产品使用情况，你准备准备。"

得到暗示的陈兵回到黄陂之后，立即加快了拜访工程部的节奏，做好了客情，另外精心挑选了一个优质客户做样板工程。果然，接下来的一周，工程部的人突然打电话，要求立即参观考察。由于工程部的电话来得太突兀，导致很多水泵厂家根本来不及和自己的使用客户约好提前做准备，所以他们使用水泵的现场看起来都有这样那样的瑕疵。唯独陈兵公司的客户水泵使用现场看起来干净明亮，设备运行平稳，堪称完美。

一个月后，陈兵公司以 167 万元的价格拿到了这个单子。

这个单子虽然没有什么曲折的你来我往的厮杀，甚至可以说打单方法有点沉闷，但是陈兵运用了很多大客户销售赢单的秘诀之一：坚持不懈 + 情感感动，最终获得了一丝机会，笑到最后，赢得了胜利。

水泵销售行业里有一位传奇女性，是安徽合肥的凌女士。20 世纪 90 年代纺织女工下岗一般找不到好的工作，她阴差阳错成了一家水泵厂的合肥代理商的水泵销售员。她只是初中毕业，文凭、阅历、综合素质，和那些大学毕业、年轻的销售员相比能有什么优势呢？甚至在当时，她的竞争对手都看不上她，觉着一个初中毕业的年龄很大的女销售有什么竞争力，还不是被别人碾压！

她的运气也不好，她跑的第一个单子是某某银行办公大楼，因为银根收缩居然停工了。很多聪明的销售员看到银行大楼停工了就不再去拜访了，因为停工了就是没钱了，没钱的客户不算真正的客户，这样的客户不值得跑。

于是，以前人山人海的银行大楼业主办公室一下子门可罗雀，除了凌女士之外，一个销售员都看不到。

银行大楼的业主纷纷劝她别来了。整个大楼都停工了，他们没钱，她来了他们也不会与她合作的，那不是白白浪费她的时间吗？但是，她仍然坚持没事就去拜访。因为是夏天，所以她每次去拜访客户的时候总是带一个西瓜。西瓜不值多少钱，但是很重，一个女士带过来重重的西瓜，你让她再拿回去，有点于心不忍吧，于是业主们也不再客气，就收下西瓜。凌女士的西瓜吃多了，他们就被凌女士感动了，觉得凌女士是自己人，是关心自己的人，而不是一个油腔滑调的销售。

后来，当银根不再收缩，这个银行的办公大楼终于又有钱继续盖的时候，很多销售员又闻讯而来，却发现他们来晚了，因为就在资金刚刚到位的时候，银行办公大楼的业主们就通过议标的形式把合同签给了评标综合评分第一的凌女士。

做生意，有时候就是如此简单，仅仅一个感动就够了。

03

战术升级

精准调整优劣势，实现完美控单

成交机会评估：根据竞争实力设计赢单战术模型

做销售工作，谁都希望自己能成为销售高手，但是你知道吗，销售高手不是指他的销售技巧有多高，而是指他的业绩在市场占有率上有多高。

一名销售人员花了1年成交了1个1000万元的单子，另一名销售人员1年做了10单，成交额只有800万元，你说哪个销售员对企业而言更重要？当然是做了10单、成交额800万元的销售人员更重要，是企业需要的销售高手。而那个成交额1000万元的人，虽然成绩惊人，但会被领导者视为不安全因素，因为他把所有业绩都赌在一个订单上，万一这个单子丢了，那销售额岂不是0！

要知道，企业真正在乎的从来都不是赢得一两个单子，而是总体的市场占有率。10个单子800万元，他的销售额虽然不大，但是他却能让生产工人的工作得以持续稳定地进行；而一个订单1000万元，没订单时工人闲得无聊，来订单时所有工人24小时加班也生产不出来，生产忽松忽紧，是不利于企业中的各部门协同发展的，也是不健康的。

有个寓言故事说的是小熊掰玉米棒，它没有确定的目标，一边走一边掰玉米棒，发现好的就扔掉上一个，这样一路走一路扔。最后，它看到一个小白兔，想抓住它，结果小白兔没抓到，仅有的玉米棒也扔掉了。这样劳累了一天，却双手空空，只好回家了。

小熊的故事其实就是很多没有建立起销售工作赢单体系的销售员在工作

时经常会遇到的情况。一开始没有明确目标，多个目标混为一谈，也没有排好顺序，没有轻重缓急之分。当目标过多的时候，它们之间很可能会制约彼此，具有排他性，这样行动的话，成功几乎是不可能的。

企业是要靠全体销售员依照销售体系进行整体规划，共同稳定推动前进的，不能把业绩的实现放在“赌运气”上，那样风险太大。

销售的成功一定是销售体系的成功。

你如果有机会近距离观察华为、微软、西门子等诸多名企的销售员，就会发现他们的工作强度和竞争的激烈程度远远不及二流、三流的民营企业中的销售员，但是为什么他们就是世界一流、世界500强，而那些野生的作战能力很强的销售员组成的销售团队却一直在市场上不上不下，很难形成较大的销售份额呢?

原因是，这些销售员没有建立一个体系化、标准化的销售竞争战术系统。

那么，体系化、标准化的销售竞争战术系统是什么呢?

是指销售人员根据销售赢单的成功要素、客户采购决策标准以及竞争对手的竞争实力，结合当时的各方竞争态势，合理运用商业规则，为最终赢单而采取的有意识、有目的、有组织的个人或集体行动。全面、准确、熟练地运用销售知识和技巧是战术基础，而合理地运用战术又能充分发挥销售员对销售的认知和销售技巧的威力，从而推进销售工作，最终赢单。

上一章谈到了大客户销售的本质，从销售方的视野去看，销售就是“找对人，做对事，说对话”，但这9个字只是“道”，是规律，是指路明灯，仅仅知道它并不能让我们赢，我们还必须把这9个字落地到可执行的工作中:

“找对人”，落地到可执行层面就是要拜访客户的Sponsor和拍板人;

“做对事”，落地到可执行层面就是要了解和影响“客户的决策标准和决策流程;

“说对话”，落地到执行层面就是要“宣贯”呈现“经典案例和创造性

的解决方案”。

举荐人、拍板人、决策标准、决策流程、经典案例、解决方案，这 6 个可执行的点，就是大客户赢单的 6 个核心成功要素，可以说，在这 6 个点上领先竞争对手，你的赢单率就能高于竞争对手。

你要从客户方的角度去想“我究竟选择哪一家的产品呢”。前面我们讲过，影响客户做出决策的两大关键因素是**理性选择和感性决策**，把理性选择落地到可执行层面，就是“你的产品竞争力要比竞争对手强”；把“感性决策”落地到可执行层面，就是“谁和我关系近，我更信任谁，我就优先买谁的产品”。

那么，基于客户方做出决策的要素，销售人员可以画一个横纵坐标图（如图 3-1），分别真实呈现自己和竞争对手在客户评价体系上的“客户关系 / 感性决策”和“方案价值 / 理性选择”这两点的优势和劣势，销售人员则可以依据己方的“客户关系强弱”和“方案价值强弱”，计算出自己目前的竞争态势居于哪一个区间，并根据这一个区间的威胁和机会点，选择相应的竞争战术。记住，在与竞争对手赢单的战斗中要做到：**领先时有方法确保锁定赢的结果，落后时有能力突破实现逆势翻盘。**

图 3-1 二维五元赢单战术设计模型

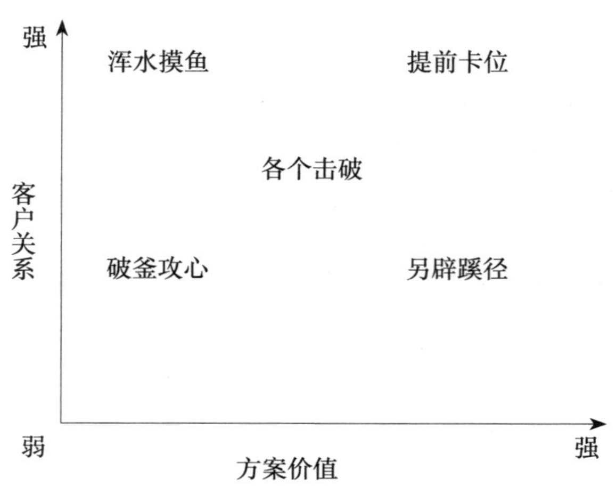

深圳一位多年从事红木家具销售的王女士分享了自己的一次跟单失败。实际上就我所知，类似王女士这样的失败案例太多了。

王女士说，以前她自认为销售能力还算不错，加上平时工作十分勤勉，所以工作业绩比较突出，甚至她的经理建议她组建个团队去开拓广州周边的市场。她拒绝了，她不想离开深圳。有一天，她很高兴地告诉她的经理，下周可能会有一个大单子，经理问她细节，她没说，经理也不好继续追问，但表示签单的时候要庆祝一下，整个销售部一起去大梅沙赶海。

但半个月后，经理却等来了王女士跟单失败的坏消息。原来，那个大单客户很狡猾，使用了她设计的产品方案，却没有和她签单。

“没想到，真是没想到……”她连连倒苦水，“我是通过朋友介绍结识这家公司办公室主任的，办公室主任告诉我，老板找风水先生看了自己的办公室，需要重新设计布局，新办公室里要有红木办公桌椅，还有其他的红木摆件，让我马上根据他提供的设计图纸做一个红木产品的装修效果图。这个办公室主任暗示，这件事他有决定权，他说了算，没必要找其他人。”

于是，王女士根据图纸设计了装修效果图，还就材质、颜色和尺寸反复修改了几次，办公室主任说老板、老板爱人、风水师以及其他几个高管都表示非常好，而且王女士的公司在深圳红木家具界有一定的知名度，品质也很让人放心，估计下个礼拜就可能签单。

当时王女士很兴奋，认为这个事情是“煮熟的鸭子”，于是就向自己的领导汇报了喜讯。

时间一晃就过去了，到了第二周，王女士打电话给办公室主任，主任说：“别急，老板出差了。”于是王女士就没再继续跟进这个单子，而去开发其他客户了。直到半个月后，她觉着采购的时间到了，于是拨通了办公室主任的电话，询问何时签单，结果办公室主任很遗憾地告诉她：“在周一的总经理联合办公会议上，关于采购红木办公家具的事情已经定下来了，决定在另外一位销售员那里购买，合同昨天已经签订了，预付款都付了。”

王女士一下子蒙了，心情非常痛苦，不想就这样不明不白丢了单，就问怎么突然出现一个其他红木公司的销售员。

办公室主任说：“老板询问其他高管的看法，其他高管都认为那位销售员的设计方案更加贴近风水师的意思，而且也适合办公，甚至有的人说你设计的方案有点居家风格，没有办公的那个感觉，所以都一致建议用那个销售员的，我也没有办法。”

王女士进一步打听才知道，就在她很开心地等待签单通知时，她的竞争对手几乎天天泡在客户公司，每天笑容满面地拜访包括老板在内的所有与采购相关的人，办公室主任也经常被他骚扰。这个销售员从财务部那里知道这次购买家具的金额比较大，虽然是老板用的，但是走的是公司的账，属于公司的固定资产，所以采购也必须由总经理联合办公会议同意才能购买。办公室主任还说，这个销售员从老板的办公桌上看到了王女士的设计效果图，说学习一下，偷偷地用手机拍了下来。

办公室主任叹了一口气，然后就挂掉了电话。

王女士静静地听完办公室主任的吐槽，一时也不知道说些什么。竞争对手有这样的小动作，也在她的预料之中，如果换位思考，她是那个后来的销售员的话，她也会这样做的，这没什么稀奇的。可是……来了新的竞争对手，办公室主任应该第一时间告诉她啊，这样她也知道怎么应对啊！但这些话，王女士终究无法说出口。

败了就败了，总不能连风度也丢了吧，王女士笑着自嘲。

从职业销售的角度来看，王女士的失败是必然的，销售最大的忌讳就是“单点联系”，几乎所有单点联系的案例都以失败告终。因为单点联系，你拜访客户时只接触一个人，你的信息来源太单一，如果这个人不向你通风报信，你就是个聋子、瞎子，根本无法弄清客户端发生了什么事情。因为缺乏有效、及时的信息支撑，自然就无法做出下一步的正确行动。这个案例里，王女士连出现了竞争对手都不知道，何论和竞争对手竞争，又何谈打败竞争对手?

在做单的时候，销售员手里如果有一张成交机会评估表就好了，这个评估表把销售的采购要素、信息收集以及竞争对手的竞争布局、竞争手段都做了详细的描述，透过评估表就能知道销售人员该单子的成交概率，指导销售员选择何种策略、何种方法。而且，也能指导销售员放弃一些不可能成交的单子，这样也可避免浪费自己的时间、精力，好去开发其他客户。

表 3-1　成交机会评估表

评估日期:________							
客户:________评估状况：潜在机会□　活跃机会□ 机会描述:________ 潜在销售收入（预估）:________		是	否	影响者			
				我们	竞争者		
该客户是否会购买?	我们是否有关键驱动力迫使客户采取行动?						
	客户是否获得项目预算?						
我们发现这个机会时购买流程已进行多久?	是否已确定购买需求?						
	是否确定预算?						
	是否确定时间范围?						
	客户是否拥有解决方案?						
该客户是否会购买我们的产品?	我们是否满足客户需求?						
	我们是否拥有独一无二的特质?						
	我们是否拥有独一无二的商业价值?						
我们是否能成交?	权力支持者是否拥有高度优先计划?						
	是否与权力支持者接触过?						
	是否能制定或重塑彰显我们独特性的方案?						
	是否能实际证明价值?						
	能否控制购买流程?						
成交带来的价值	这个销售机会有没有风险?						
	合作关系能否提供任何优势						
	成交的战术价值（短期）						
	成交的战略价值（长期）						
是否加入竞争?　　是□　　否□							

成交机会评估工作表能帮助销售人员回答两个非常基本的问题：

这个订单我还要不要努力去争取？

我是否能成功？

不是每个客户都是我们的客户，不是每个商机我们都要牢牢把握，高效的销售人员应懂得取舍。只有 1% 的机会，单子金额小且意义也不大，与其在螺蛳壳里做道场，不如直接放弃，转身去做更有价值的单子。这叫退一步海阔天空，小洞里掏不出大螃蟹。一个 2 万元成交额的单子，你跟进 1 年，即使做成，你连成本都收不回来，这又是何苦呢？这不是人为地把自己推进低效无价值的深渊吗？

我们依据成交机会评估表和自己已知的信息，对己方和竞争对手进行打分，我们做到了就打 1 分，竞争对手做到的也打 1 分，如果我们最后的评分和竞争对手差不多，说明我们赢单的倾向是摇摆区，可能赢也可能输；如果我们的分数明显高于竞争对手，则倾向于赢；如果我们的分数比竞争对手低很多，则倾向于输。这样评估，就让我们提前看到了结果，帮我们判断是否继续做这个项目，为我们提供了工作成效上的依据。

成交机会评估表的另一个价值在于：可以帮助销售人员评估自己的优劣势，并与竞争对手进行比较，这样比较的结果，能让我们知道在参与竞争时该怎么做最终才能赢单。

在面对不是由自己开拓或创造的机会时，这尤其重要。成交机会评估表能够帮助销售人员评估自己的工作实效，并与对手的工作实效进行比较。这个工作实效的对比，可以让销售员一旦决定参与竞争，就知道该从哪个方向突破才能制胜。

总之，成交机会评估表是一个对自己的竞争力与竞争对手的竞争力进行评估的方式，当评估结果出来以后，销售员就能清楚己方是拥有竞争优势还是缺乏竞争优势。销售员对比分析己方的优劣势布局情况，如觉得市场有狭缝可利用，便可依据二维五元赢单战术设计模型决定参与竞争，并从模型中选择竞争策略，制定赢得成交的必胜战术步骤，然后一步步付诸行动，最终取得胜利。

我方处于优势：提前卡位，锁定结果

普通人都习惯了正向线性思维，面临问题，就解决问题。比如买房子，攒够了买房子的钱再买房子，这就是正向线性思维；钱不够，问亲朋好友借，先凑够钱买房子，然后再还钱，这是逆向线性思维。正向线性思维是有多少钱干多少事，是一种硬碰硬的思维方式，属于根据现状推导未来的思维，属于现状决定未来的思维。正向线性思维是一种让我们处在安全状态的思维，所以绝大多数是出于安全需求，我们都是用正向线性思维来主导自己的工作和生活。

但在商业社会就不同了。假设个人生活的生存第一要义是安全的话，商业社会生存的第一要义就是冒险。奖赏冒进者，这是商业社会的基本规律。所谓风险越大利润越高，这也是商业社会人人都想创新创业的原因。

正向线性思维是普通人在销售中常见的思维，也是处理销售事务的第一思维模式，同时也是销售失败的主要原因，一个循规蹈矩的商人被一个时时想创新的商人打败是天经地义、合情合理的事情。很多时候，即使自己一方也知道正向去做已经不行了，需要革新创新的方法才有机会，但是很多人还是无法改变自己，还是不自觉地用正向思维。他们不知道还有什么其他的好思维，不知道还有什么好方法，于是只能用正向思维来死磕，来硬碰硬，结果竞争失败，尝到失败的苦果。

以前中国的一个品牌自行车在非洲卖得很好，但是日本自行车行业也看中了非洲市场，于是他们的市场人员就去调查非洲市场，果然发现了商机。日本的市场人员在观察非洲人的自行车使用场景时，发现非洲很多地方山地丘陵多，导致很多非洲人骑一段路，遇到上坡就下来推一段。在推车的时候，人们都喜欢轻点儿的车，这样推起来会轻松点。发现这个商机之后，日本自行车公司果断地用新型轻型材料做自行车，在非洲推广。由于新进市场，日本厂商就用“老二战术”，把价格定得比中国品牌低。

由于日本轻型自行车更适用于非洲的使用场景，便宜又方便使用，所以很快原来的中国自行车市场被日本自行车厂商吞噬。随着销售量的减少，我们的自行车厂也感觉出了问题，但是他们不做市场调研，只是认为这是日本人搞的价格战，干脆自己也降价算了。面对销售量下滑这个局面，我们的自行车厂的对策是降低价格来扩大销售量，这就是典型的正向线性思维。但是过了一段时间后，他们发现即使把价格降得比日本的自行车还低，非洲的消费者还是愿意买日本自行车。因为经过一段时间的使用体验，他们觉得日本的自行车更加方便、省力，花多一点钱也无所谓。于是，中国自行车就这样在非洲市场被日本自行车给打败了。

你看，在商业世界里，并不是你有优势就一定能赢。市场是多层的，总是有市场缝隙可以钻的，即使是落后者，如果采取正确的战术，付诸正确的行动，也一样能力挽狂澜，赢在最后。

那什么是战术呢？怎么能在复杂多变的竞争环境中找到正确的战术呢？

赢单战术方案是销售人员为了在竞争中取得预期的结果，根据销售赢单的规律和正确的战术指导思想，在对己方和对手的客情和方案竞争力强弱进行必要的分析和判断的基础上，选择和制定出的最佳战术方案。

战术方案应该能够充分发挥我方的优势，抑制对方的优势，从而扬长避短，以己方之长克对方之短，在竞争中获得胜利。

依据 S1651 赢单体系，对赢单的结果产生直接影响的两大要素是：

销售方与客户方的关系，和竞争对手相比是强是弱？

销售方的解决方案与竞争对手的解决方案相比，其竞争力是强是弱？

如果，**我方与客户的关系比竞争对手与客户的关系强，我方的解决方案比竞争对手的方案强，**则我方应该选择“提前卡位”战术。

所谓“卡位”，原意是指在篮球运动中，我方抢先对手占据有利位置，将对手阻挡在最佳位置以外，从而获得球场上的控制权。卡位的目的是获得比赛中最大的竞争优势。

在日本战国时期著名的长筱之战中，织田德川联军以绝对优势击败了武田军。

通常认为，这是火枪部队战胜骑兵的一场战争，但这更是一个提前卡位的成功案例。

战争伊始，武田军率 15000 名骑兵攻打只有 500 名守军的长筱城，然而两天都没能突破城门。此时，长筱城的守军派出信使请求支援，织田、幕府两大势力就组成 3 万人的联军来支援长筱城。骑兵的优势是运动战，因此武田假装要向清远城方向进攻。然而，这一计策被织田、幕府联军识破了，他们在武田军回家的必经之路炙巢的山脚下安营扎寨，切断武田军的后路。

武田军被逼无奈，只得回头进攻织田、幕府联军的营寨。但是，织田、幕府联军在自己的营寨前建造了三层防马栅栏，用以阻截武田军骑兵。武田军的骑兵虽然威震天下，但遇到防马栅栏不得不停滞。此时，织田、幕府联军用 3000 名火枪手进攻，使马群受惊。兵荒马乱之中，武田军骑兵要么被马踩伤，要么就被火枪打死。

最终，武田军溃败。

好的策略就是能以最小的代价获取最大的成功。

竞争的最高境界是不战而屈人之兵，当我方的客情关系、解决方案的竞争力均领先于竞争对手时，我方一定要采取“提前卡位”战术，提前发现客户的痛点并将其引导为机会点，为客户制定一个独有的、竞争对手无法超越的解决方案，与客户进行绑定。这犹如在竞争对手必经的要害之地设置一道道“防马栅栏”，阻断对方的去路，从而让自己稳操胜券。

卡位的具体做法可以分为：

（1）和客户签订独家长期合作协议。

（2）锁定价值产品。

（3）绑定销售。

执行提前卡位战术的时候，我们要把控以下关键点：

（1）在招投标文件中设置我方竞争的“防火墙”，用各项条款降低竞争对手参与的可能性。

（2）尊重弱势的竞争对手，不因我方占据优势而自傲甚至挑衅，避免被对方抓住把柄做文章。

（3）把控好客情关系，防止竞争对手以送礼等方式向客户公关。

2014 年 5 月，我做了一个新疆某大学热力工程节能改造项目，去大学的基建办拜访客户的时候，我发现虽然我不是第一个拜访客户刘工的销售员，但却是第一个真正和刘工交流技术的销售员。

因为新疆太大了，很多销售员负责的销售区域都很辽阔，上门拜访有难度，每次上门拜访的时间也有限，总是急急忙忙就回去了，所以他们往往优先去做客情关系，请客吃饭做商务工作什么的，很少和客户交流技术。同时，他们认为自己的职责就是承接工程建设，按图纸施工，大家都一样，和客户没什么好交流的。

而我本身就是学建筑学专业的，又做了很多年设备销售，于是每次拜访刘工时我就主动和他交流技术，教他识别企业实力的小技巧，告诉他热力工程里需要的设备都是哪些品牌，各有什么技术特色等。我的客户呢，他本身是这所大学教职工的子女，属于内部招工上岗，文化程度不是很高，对专业的东西所知有限，但又想弄懂里面的一些设备情况，避免自己被其他销售员忽悠，所以也喜欢和我交流。

在和刘工交流产品知识和技术的同时，我也与他培养了感情。有一次，我很认真地对刘工说："刘工，你是我在新疆拜访的第一个客户，也是我来到新疆所交的第一个朋友，所以这份感情很是珍贵。我呢，不可能在新疆待很久，所以，别我离开新疆了，你就忘记了我这个朋友。你有机会去我那儿，一定要给我打电话，让我尽尽地主之谊。"

我这样的情感话术，再加上与他多次交流技术，让他觉得我对待工作是专业和认真的，因此我给他留下了一个非常好的印象。而事实上刘工也是投桃报李，事事帮助我。基本上我提的建议，他都会采纳，一些正确的建议他也会写进标书里，成为采购标准。就这样兵不血刃，我轻松赢得了一个1400多万元的热力工程节能改造的订单。

复盘这个单子，我单枪匹马，没有用任何公关费用，就轻松地拿下了此单，无非是：

（1）我通过技术交流，使客户相信了我的专业水平，让他觉得我是一个合格的供应商。

（2）我根据"新疆市场竞争不饱和，客户普遍重感情"的特点，策划了一段打动客户的话术，使客户在情感上认同了我。

这样我就具备了客户关系强、方案竞争力强这两个特点，而具备这两个特点，我就可以实施"提前卡位"战术。所以，当我说服客户把我方的优点写进招标文件的时候，这个单子的结果就被我提前锁定了，可以说未战先胜。

我方处于劣势：浑水摸鱼，逆向取胜

一个销售员不管能力如何，总是会遇到逆境，如何面对逆境，能看出一个人的格局。在顺境中不轻狂、不莽撞，始终谨慎；在逆境中不气馁、不抱怨，积极想战术突破逆境，这才是一个有格局的销售。顺境时，我们可以选择“提前卡位”战术；那么逆境时呢，我们则可以选择“浑水摸鱼”战术。

浑水摸鱼战术的关键点是：

（1）评估好项目的误导后风险。

（2）说服客户同意配合误导竞争对手。

（3）客观评估好客户关系的损耗。

浑水摸鱼战术可以说是采购行业的标准基本操作。采购员担心采购的产品或设备贵了，往往会采用浑水摸鱼的战术，拿一个产品的某个型号，找3～5家供应商报价，然后拿A供应商的价格去压B供应商的价，又把B供应商的低价给C供应商看，暗示C供应商应该降价，不然没机会。如此类推，搅浑报价这摊原本清澈的水，让很多个供应商都在浑水里晕头转向，然后就轻松捞起自己想要的那条鱼（最低价的供应商）。

采购员常用浑水摸鱼这个战术，而销售人员对此战术也不陌生，甚至还常常应用。

当竞争对手给予客户更好的政策、更多的优惠，客户的采购员或老板要求我们降价或提出新的要求时，我们该如何应对？为了卖掉产品，直接让利答应？不。不要让这一切来得太容易，不然，他还有第二次、第三次。

我有个学员在医美公司上班，是医美产品干细胞销售代表，他和自己辖区的广州某连锁美容院的合作一直比较愉快，分成机制也固化了，一直购销两旺。后来，美容院老板为了提高卖手的工作热情，想出了“新”的激励卖手的措施，即每卖出一个干细胞就给予卖手适当奖励，老板向每个来拜访的厂家代表都直接说明了，这个给卖手的钱必须厂家出，因为卖手是帮厂家卖货嘛。你不给，如果竞争对手给了，那你的产品还能不能卖得掉就很难说了。

美容院的老板也把这个奖励的事情给这个医美公司的销售员讲了，医美干细胞产品的利润还可以，在销售员的权限范围内，可以直接答应，但是销售员觉得不能轻易就答应老板，给得太容易，反而会让对方变本加厉。于是，销售员就对老板说："我需要打电话跟领导汇报一下。"然后，销售员走出去，假装和他领导打电话沟通。过了10分钟左右，销售员进店对老板说："我和领导沟通好了，每个干细胞项目可以给卖手30元的费用，但是您必须保证每个月进货量在100支以上，否则，我们就亏本了。"这一下把难题抛给了美容院老板，他觉得无法保证每个月卖出多少支，于是销售员说："那您觉得可以保证每个月卖出多少？我再和领导沟通一下，给您争取这部分的费用。"美容院老板说最多50支。医美销售员说："好，我再沟通一下。"然后出门打电话，之后又回来说，"经过跟领导的反复沟通，领导同意了，每个月需至少进货50支，如果完成了，另外再给卖手300元的小红包。"

其实，医美销售员自始至终都没拨通过领导的电话，更是没有跟领导沟通一句话，他就是假装给领导打电话请示自己能不能答应客户的要求，给客户施压，从而达到自己的目的。太容易得到的往往不懂得珍惜。人都有贪婪之心，而把水搅浑，让客户感觉有难度，这是阻止客户更进一步提要求的一个战术。在销售这个战斗中，讲究一物换一物，任何事情都不要轻易地满足客户。哪怕能够满足，也不要一口答应，让客户觉得这个事情有难度，最后拿下来了，客户才会觉得来之不易，才会珍惜，才会在心里感谢你。

假如你买车、买房或是某个大件物品，你可能会要求销售人员给你优惠一些，这个时候这个销售员会面露难色，但是又不拒绝你，而是思考了一下，对你说："哥，我们都这么熟了，你的事就是我的事，虽然不能降价了，但是我请示请示领导，看看能不能拿到员工价。哥，你等我一会儿，我这就去给领导打电话。”

如果你碰上这样的场景，那恭喜你，你遇到的销售员在使用浑水摸鱼战术。这个时候，你就要巧妙应对，取得胜利。

我方关系落后：另辟蹊径，重新策划成交点

彼得斯堡为美国弗吉尼亚州东南部的一个城市，美国南北战争期间，该地曾发生了大规模战役，其中一次战役以“世界上第一次堑壕战”著称。

1864 年 6 月 30 日，美国北方军队包围了该城。经过了无数次进攻、损兵折将之后，一支主要由煤矿工人组成的联邦步兵队——宾夕法尼亚州第 48 军提出了一个计划，在南方联盟军难以攻克的防线上制造出一个薄弱环节。

第 48 军夜以继日地工作，在南方联盟军防线中心下方挖了一条 150 米的地道，往其中填入了巨量炸药。1864 年 7 月 30 日，北军实施爆破，炸死炸伤南军 278 人，在南军阵地上炸出一个长约 50 米、宽约 24 米、深达 4 米的大弹坑。北军约 2 万人随即冲入这一缺口，试图突破南军防线。

但由于计划不周密、领导力薄弱，加之缺少规划，使得联邦军无法迅速扩大这个新造就的缺口。第一，联邦军的攻击计划实在太拙劣，根本没有想到需要把挡在自己壕沟面前的障碍物搬开，这减慢了进军速度。第二，陆军准将詹姆斯 · 莱德利原本应该上场进攻，但是他在关键时刻却喝得烂醉如泥。第三，爆炸的威力过大，以至于联邦军士兵受惊过度、惊慌失措。有些人停止了攻击，反而帮忙挖掘、救助被活埋的敌军士兵；另一些人则干脆掉头逃回了自己的阵营。这一拖延就给了惊魂未定的南方联盟军宝贵的时间重新组

织、布兵，修复了他们原已支离破碎的防线。博雷加德将军马上调集兵力，枪炮齐鸣，封锁缺口。防御军士调整了缺口处剩余的所有火力，并从防线其他地方调来备用炮安置好，粉碎了联邦军妄想从防线缺口突破的美梦。短短几个小时之内，北方联邦军伤亡 3793 人，南军伤亡 1500 人。此后，北军发动的多次进攻亦被南军击退。南军最高指挥官李将军和北军最高指挥官格兰特将军都亲临彼得斯堡战线督战。

1865 年 3 月 26 日，北军已达 12.5 万人，而李将军拥有的南军兵力仅为 5.7 万人。4 月 2 日，北军向彼得斯堡发动猛攻，南军防线被突破，彼得斯堡遂落入北军之手。

彼得斯堡是北方联邦军与南方联盟首都里士满之间的最后一道防线。北军第 48 军的军士们想出一条能击溃南方联盟军的妙计，若能及时穿越这个缺口，就能为将近 7 万静候军命的北方联邦大军铺平通往里士满的道路，但北方联邦军的将领却没能拿出一个清晰、天衣无缝的计划并加以执行，没能将从找出对手薄弱环节到发起攻击之间的时间缩到最短，于是白白错失了一个提前七八个月结束战争的天赐良机。

很多从事销售的业务人员都感慨产品同质化越来越严重了。其实，不仅仅是产品，营销、企业架构、管理、方法等，在这个信息时代也越来越趋同。一方面这是主流趋同的倾向；另一方面，为了从同质化里跳出来，一些企业必然会如美国彼得斯堡战役中的北军一样，另辟蹊径，提炼、聚焦自己的差异化，让自己与众不同、出人意料，以自己的独特来吸引客户和扩大自己的竞争力。在销售中，由于产品的同质化，企业的销售政策也雷同，有时候会使客户觉得我们和竞争对手半斤八两，都可以用，也都可以不用，反正产品都类似，长得差不多。在这样的一个竞争格局下，我方和竞争对手雷同，就没有差异化的竞争优势。而我们如果想赢单的话，就必须采取“另辟蹊径”这个竞争策略，正面攻不下，我们就从侧翼打开一个点，撕开一个口子，赢得这场战斗。

实施另辟蹊径战术的关键举措是（寻找或牵引替代需求）:

（1）识别客户真正的痛点或替代需求，快速提供针对性的解决方案。

（2）基于我方的差异化优势，引出客户新的潜在需求，出其不意地摆脱竞争对手。

另辟蹊径战术的要点是:

（1）升维思考，降维打击。

（2）极其重视实施战术后的跟进工作。

在彼得斯堡战役中，美国北方军队实施另辟蹊径战术，但由于经验不足、负责人懈怠渎职等多种因素影响，开了个好头，却没有有效跟进，对方察觉出来了，并堵上漏洞，导致战术没有实现事先预想的目的。因此，销售人员如果在竞争里采取另辟蹊径战术，一定要谋定后而动，跟进和把控实施细节，这样才不会功亏一篑。

有一次，我去 Jeep 汽车 4S 店做小保养。车子保养阶段，一般车主都会被请到 4S 店的休息区去看电视、喝茶等打发时间，我闲不住，就到车辆展区转了转，主要看了看牧马人这款车。这款车乘坐不舒适，油耗也大，但是外形很经典，辨识度高，是喜欢户外越野的人比较欣赏的几款专业越野车之一。我正在看这款车的时候，进来一对男女，估计也是来看车的。他们转了几下就向我这个展区走来，从他们眼神的方向来看，估计也是来看牧马人这款车的。看有人来，我就走到一处休息桌椅那里休息，毕竟我不买车，别影响别人看车买车。

我刚坐下，卖给我 Jeep 车的销售员刘海就将一杯茶轻轻放在我的面前。我对他说："喝茶不用麻烦你啦，需要的时候我自己去休息区喝就行，你看他们俩，估计是想买牧马人，你去招待他们去吧。"

刘海说："算了吧，你不说我还不气呢，他们从去年 8 月开始就看这款牧马人了，到现在快一年了都还没行动呢。”

我说：“不买还没事就来看看，不浪费时间？”

刘海说：“也不是不买，就是每一次这个男人准备买的时候，他旁边这个女的，估计是他爱人，总是说，车子太大了，没地方停车，她闺密说最近车子在降价，现在买车太贵了，等两个月再说……她这样一说，男人就冷静了，表示回去考虑考虑。每次我想给这女的讲解产品，这女的就说：‘你不要跟我讲，我一切听我老公的，我对车是一点都不懂。’你不懂车，别人买车你还叽叽歪歪？这女的弄得我一筹莫展，所以我现在见到他们都不怎么搭理。”

“和气生财，和气生财。”我说，“既然男的想买，但是在决定买的时候，这个女的就会泼冷水，导致你无法成交，那么你想办法让她不说话，或者引开她，让她不在现场，不就可以了吗？你不就有单独和这个男的谈的机会了吗？”

“是啊，我怎么没想到！”刘海说。

过了几天，我收到刘海的微信，发现他给我发了188元的红包，说是感谢我的。我就给他回电话，问为什么给我红包啊。

“倪总，感谢你的提醒，我昨天终于把牧马人卖给了上回跟你说的那位顾客，用的就是你说的把女的支开另辟蹊径这一招。”

原来，那天我走了之后，刘海就去找这对夫妻，告诉他们可以下周过来看车买车，因为他们下周会有一个老带新的买 Jeep 送大礼包的活动，在活动期间有七大优惠，是很实惠的。“你今天买车就没有这样的福利，下周来就能赶上近几年送福利最大的一次活动了，算下来差不多有近2万元的优惠，实在是太划算、太划算了。”刘海很轻易地就说服了这对夫妻下周三再来看车买车。

离这家4S店100多米的地方有个美容院，刘海提前买了价值299元的香薰项目单次体验卡，周三等到这对夫妻看了一会儿车之后，刘海装作才想起，忽然一拍脑门说："我怎么这么忘事呢。"说完他掏出一张美容院的体验卡，对女客人说，"前几天旁边美容院的美容师来看车，送给我一张价值299元的免费体验卡，拿这张卡去美容院做香薰项目是免费的，没其他消费，正好今天就过期，我女朋友不在本地，我要这张卡没用，扔了挺可惜的，要不你去消费掉得了。对了，这家美容院是专门接待女宾的，男性拒绝入内。"说完递到女客人手里。

这个女客人下意识地接下这张体验卡，扭头看她的老公，她老公说："没事，你去体验一下香薰，我在这里等你。"就这样，女客人被刘海支开了。

剩下的时间，就是刘海表演的时间。他亲自让男客人试驾，体验一下牧马人这种车的超高回头率，又带他看店老板和另外一个朋友改装的牧马人威风凛凛的样子。他告诉男客人，仅仅是他们店里，就有三个人的座驾是牧马人，其他人没买是因为没钱。男客人询问前几天说的优惠政策的事情以及后续的服务，然后刘海就和男客人签订了购车协议，并收下了定金。

当业务进展不顺利、陷入僵局的时候，销售人员要思考分析：问题出在哪里呢？

一般而言，**影响客户采购的就是"方案竞争力"和"客户关系"这两大要素，**你要分析问题究竟是出在方案竞争力还是客户关系上面。如果自己的产品竞争力还可以，那问题一定出在客户关系上面。如果判定问题出在客户关系上面，就要分析影响客户购买决策的"抗拒点"是什么，他为什么不现在就购买？他一定是在担忧什么，被什么阻碍了。只要找到了客户不愿购买的抗拒点，解决掉它，就可以继续推进签单进程了。

有的抗拒点是销售人员能解决的，比如客户购买洗衣机时，要求你上门安装；有的是销售人员解决不了的，比如客户嫌价格比其他品牌贵，要求大幅下降。面对不能解决掉的抗拒点，我们不可在这上面硬碰硬，强行去说服客户，这是吃力不讨好、性价比极低的事情。这个时候，我们不妨改变思维，另辟蹊径，在另外一个客户关心的点上扩大价值，给出溢价的增值服务（功能），吸引客户主动成交。

我方与竞争对手各有各的支持者：各个击破，拿到订单

“凡战者，以正合，以奇胜。”这是孙武在2000多年前的告诫，大凡作战，一般都要正兵当敌，奇兵取胜。孙武还说，向敌军展示一种或真或假的军情，敌军必然据此判断而跟从；用小利引诱敌人，敌人必然会来夺取，然后用自己预先布置好的重兵破敌。

销售人员在跟进客户时，有时推进到一半，发现推动不下去了，或判断出在现在的态势下我方赢的机会还不确定，一些事情还不明朗。比如，明明客户说最近一个月就要采购，结果两个月都要过完了，采购的信息还没出来。客户预定的目标没有按期实现，说明客户内部出现了纷争，这个纷争的点，要么是客户的问题，比如是他们的进展受天气、资金、合作方等影响推迟了；要么是销售的问题，比如客户内部有的人支持我方，有的人支持竞争对手，谁也说服不了谁，以致事情被推迟。

虽然销售人员很想争取这个销售订单，顺利达成交易，但无论如何努力，还是无法如愿。此时，与其攻其“十指”求胜，不如专心攻克客户内部胜算较大的人或事，实现单点突破。如登门槛一样，一阶一阶攀登，各个击破。

当出现以下情况：

我方的客户关系和竞争对手比，各有支持者；

我方解决方案的竞争力和竞争对手比，各有特点。

我方应选择**各个击破战术。**

各个击破战术的适用场景：

（1）项目决策链上关键客户意见不一致，客户关系总体处于劣势，决策链上支撑点的关键客户决策影响力中等。

（2）解决方案（产品、服务交付、商务融资等）部分满足客户的需求。

（3）有较强的普遍客户关系支撑。

实施各个击破战术的关键举措（为决策“造势”“平反”）：

（1）从决策支撑点获得“客户意见不一致”的原因，快速公关并沟通，肯定对方，避免争论与明显攻击对手，排除对我方解决方案的误解，有效传递我方给客户带来的差异化价值，使其不再提出异议或获得部分支持。

（2）取得一定进展后，推动决策支撑点的客户再次决策。

我还在外资企业做真空泵销售的时候，下属重庆办事处有个销售员叫王虎，当时他在跟重庆本地某大型企业投资约 20 亿元的醋酸项目。这家大型企业的不少项目是某外企设计的，而我们和这家外企是长期合作关系，所以这家企业也使用了很多我们的真空系统。这家企业算是与我们公司合作多年的老客户，其总经理还出席过我们公司的年会，并在年会上和其他企业代表分享他们的使用经验和感受，企业中主要的总工、各部门部长也都和我们公司重庆办事处的经理建立了不错的关系。

这次客户投资 20 亿元建设的醋酸项目，在前期“低压吸附塔”工段里就设计了三套真空装置，也就是说要采购三套真空系统。销售员王虎得到这个消息后很高兴，因为这几年我们公司持续销售给了他们上千万元的真空设备和系统了，使用效果、产品品质他们一致认为都挺好，另外对我们公司的产品服务也很满意，所以这次的真空系统肯定是要买我们公司的。除了客户关系好之外，最重要的一个依据是：工艺包里的真空装置图纸，就是按照我们公司的产品参数去设计的。而化工行业有一个不成文的规则，只要是国外设计公司设计的生产工艺包里指定的设备，一般业主都会直接谈判购买，不走招标流程。化工行业易燃易爆，不能有半点差错，一旦出问题就是大问题，所以稳妥起见，哪怕价格高也要买指定产品。否则出问题了，国外设计公司可以完全撇开设计上出了问题的责任。

王虎负责跟进这个项目，设备图纸一出来，这家企业就要求我方报价，由于他们使用了多台我们公司的产品，以前买产品的时候也做过多场技术交流，企业中有的人甚至比我们的销售员更懂我们的产品，所以也没必要再做技术交流和去外地考察我们公司的产品。报完价之后，销售员王虎就等着客户来电，和他谈供货周期和再度降价问题，然后进行商务谈判和签订合同。

报价是要有技巧的，要尽可能地让客户感受到产品价值，价值等于总收益减去总投入，这个价值越高，客户就越觉得买对了。报价除了体现产品价值之外，还要照顾客户的“面子”，因为报完价，客户肯定要砍价，如果销售方坚持不降价，客户就感觉自己没面子，受到了伤害，从而可能觉得你是“仇人”。所以，王虎在报价时花了心思，产品总价为 255 万元，王虎特意报了 265 万元，那 10 万元就是留给客户的“面子”。

过了几天，商务谈判如期而至，我们成功地把面子给了客户的总工程师。因为他被总经理授权负责此项目，王虎只要把这个总工搞定，基本就赢单了。当王虎把报价单连同方案交给总工时，感觉总工还是挺配合的。想想也是，我们公司在行业内赫赫有名，产品的品质没话说，价格虽然高点，但扛不住产品质量确实好，一直没出现质量问题，再加上有优惠，又有合作历史，王虎和总工两人多次见过面，还喝过几次酒，彼此都满意，这样的单子难道还能飞了？

商务谈判报完了价，客户也认同价格，接下来就是客户的采购部门草拟一份合同，让领导批准后，即可走流程签订正式合同了。

王虎等了几天，没等来消息，就给总工打电话问：“合同批下来了吗？”

总工说："流程走完了，就等总经理签字了。"

又是几天过去了，总工还是没有通知王虎签合同的事情。王虎耐不住又给总工打电话，问："那合同怎么样了？"总工说："总经理出差了！"王虎追问道："那总经理什么时候回来啊？"总工说："可能两天后。"

过了三天，王虎觉得总经理应该回公司了，又给总工打电话："领导，总经理签字了吗？"总工说："我忙其他事情，忘了，我现在就去！"

当总工拿着合同找总经理时，总经理问了一句话："我们这次买的真空系统能做到在中控台就可以观察到真空系统运行状态吗？能监测到真空泵的承重轴承的温度吗？"总工没想到总经理问得这么细，居然问到了轴承温度，他犹豫了一下说："这个事情我得问一下厂家。"

总工给王虎打电话，问道："你们这个真空系统能实现在中控台就可以观察到真空系统运行状态吗？能监测到真空泵的承重轴承的温度吗？"王虎说："能啊，肯定没问题，这点你放心好啦！对了，合同批下来了？"

总工说："现在正在谈这个事情呢。"

总工又去总经理办公室向他汇报"他们可以做"，之后总经理又问了一句："你确定？类似项目他们做过哪一家？效果怎么样？"

总工虽然和我们公司及王虎关系很好，但他对我们的产品"能不能监测轴承的温度"这个旁支小节没有关注，至于哪一家企业在工艺上应用此产品能监测出轴承温度他更是不知道，心里没底。如果这时候他说"可以"，那么他将承担说"可以"的风险，万一后期出现问题就是他的责任。另外，他不能说"你等一下，我再去问问"，因为他刚才已经回答不出总经理问的那个问题了，如果这个问题再回答不出来，会显得他的工作是浮在表面的，那样会显得他无能，办事不力。

见总工不说话，总经理递过来一本印刷精美的宣传册和一张名片，说："我去上海出差的时候，在同行的生产现场看到这家公司的产品是能远端控制的，坐在办公室就能看到生产车间的设备使用情况，包括轴承的温度升高了多少，都很清晰地显示出来，很方便管理。就是这家公司，这是他们的资料，你联系联系。”

几天以后，突然出现的一个竞争对手把这个200多万元的单子签了。

这就是商场，瞬息万变，正如行业内流传最广的那句话说的那样：“哪怕订货合同签了，但是没有拿到客户的预付款，就不敢说这个生意一定是你的。”

凡事都有征兆，当总工问“你们这个真空系统能实现在中控台就可以观察到真空系统运行状态吗？能监测到真空泵的承重轴承的温度吗”，这时有经验的销售就知道自己的销售工作出现问题了，因为客户不会无缘无故地问一个问题，他总是有原因的。很多时候这个原因不是客户内部产生的，因为内部产生的问题都会在前期的技术交流中提出并解决。而商务后期都要进行合同谈判了，还提出技术问题，这很明显地提示：**这个单子出现了竞争对手，竞争对手在分析局势之后，采取了另辟蹊径战术，试图把竞争的战场转移到竞争对手占优势的区域里去。**

能否在中控台观察运行状态和监测到温度，这是客户的疑虑，我方必须正面消除这个疑虑。只有消除了疑虑，事情才能进一步向下发展。

所有做销售的都要记住这一句话：**所有脱离原有轨道的改变，背后都有常规的原因。**

比如，一个从来不请假的员工，忽然请假了；一个很尊重你、在你面前大气都不敢出的员工，居然冲着你说了一些不敬的话。这些很小很小的改变，背后应该发生了一些事情，然后你才看到了改变了的结果。一个从不请假的员工忽然请假了，说明他想换工作了，他那天请假应该就是去面试。一个很尊重你、在你面前大气不敢出的人忽然对你说了一些不敬的话，那说明他想辞职了，不愿意受你的气了。

所以，客户那边发生的任何一件和平常不一样的事情，一定是有原因的，销售人员要立刻警觉起来，寻找根源并消除掉。比如，平时你一请就出来陪你喝茶或咖啡的客户，最近你请他，他居然说要加班什么的，就是不出来。平时出来，现在不出来，这是一个改变，背后一定发生了什么事情。这样的改变背后有三点原因：

（1）竞争对手来了，客户感觉你可能会输，所以不愿意再接近你了。

（2）领导暗示他，要买别的品牌，他预测你会失败，所以要远离你。

（3）你的事情，客户不满意，也会用“改变”来显示自己的态度。

希望你能察觉到以上的变化，并满足他。

我方客情及方案均不利：破釜攻心，一招逆转

中国有个成语叫“破釜沉舟”，这个成语影响了无数人。破釜沉舟是一种置之死地而后生的战术，是在落后、没有希望的环境下，选择一条路，走在这条路上要么生、要么死。在这样险恶的路上，能最大程度地激发斗志，拿出全力，予以敌方致命一击。

当出现以下情况：

我方的客户关系和竞争对手相比较弱；

我方解决方案的竞争力和竞争对手相比较弱。

在我方的客户关系和方案竞争力均不如竞争对手的销售场景下，我方应选择：**破釜攻心战术。**

破釜攻心战术的适用场景：

（1）客户已有明确建设预算和相关业务发展计划。

（2）解决方案（产品、服务交付、商务融资等）得到了客户普遍认可，且能满足其全部或大部分的需求。

（3）至少在项目决策链的关键客户有明显优势的客户关系支撑。

破釜攻心战术的关键举措（为关键客户提供“决策依据”）：

（1）通过客户在决策链传递相关业务或网络发展急迫性，驱动其快速决策。

（2）引导客户将我方产品的独有特性写入标书。

（3）有效地将我方“快速交付的优势”传递到决策链，或使用成熟的解决方案形成实验局等既成事实。

破釜攻心战术的要点为：

（1）如何驱动客户快速决策。

（2）警惕“千年老二”现象。

（3）尽早做好战略放弃。

很多时候，销售的主战场在“工作的 8 小时之外”。在职场多年，人在自己的工作位置上总是难免要说些官话、套话，而销售人员需要的真话、实话，客户在办公时间在自己的位置上不便说，于是某些时候很多销售人员就把销售的主战场转移到“工作的 8 小时之外”，在工作之余私下与客户接触和沟通，在私下的场景中找到真实根源。找到了真实的原因，才能从根本上解决问题。在工作场合，你得到的大多数是冠冕堂皇、标准程序化的回答，这样的答案每个销售员都可以得到，但对销售是没有多少用处的。

比如，你在工作场合问客户：“张经理，你们也考察了我们公司的工厂和样板工程，对考察结果也很满意，我们领导对这个项目也很重视。请问，我们下一步如何做才能拿到订单呢？”张经理会说：“你们好好做标书，把标书做好就可以了！”

“你们好好做标书，把标书做好就可以了”，这句话在任何时候、任何场合都永远是正确的，但是这样的话对销售人员来说有何意义呢？认认真真做好标书就能中标了？那好的标准是什么，你要告诉我啊！你不告诉我好的标准，我做得再好的标书也可能被你认为是不好的啊。

我们公司是外企，收购了上海某真空泵厂后，实际上就有了两个销售队伍，一个销售进口产品，一个销售原上海某真空泵厂的国产产品。公司的销售模式是，进口真空泵属于直销，国产泵则采取代理制度。

我们公司的国产真空泵销售采用代理制，一般一个省设置两个代理商，然后按行业划分销售范围。国产真空泵销售团队中负责云贵川片区的业务员A在云南找XL公司做代理的时候被卡住了，谈判僵持了很长时间仍没有结果。由于历史的原因，XL公司的销售量占到了全省销售量的60%，所以底气很足，他们只接受做云南的唯一代理商。而且XL公司负责代理谈判的是一个团队，有商务经理、技术经理、售后等，但老板却不在这个团队里。A谈了一年了还没见到老板。由于我们公司坚持一个省最少要有两个代理商，双方立场不同，导致谈判陷入了僵局。

我去成都出差的时候，A请我去昆明一趟，帮他谈下XL公司的代理权。A也算是我的销售部门的，所以他出现了问题我自然要帮忙。

根据A描述的XL公司的情况，这个谈判分歧很大，对方要独代，我们要两家代理商，谁也不让步，根本谈不拢啊。

我帮他分析了一下：

一个合格的客户要符合“MAN法则”的定义：有钱，有权，有需求。很明显，对方的谈判团里没有“权”，所以就是个摆设，是一个流程，是无法做出有效决策的。

那么，谁在公司有需求、有钱、有权？当然是老板了。

对方的需求是什么呢？要独代。

找到了问题的本质，自然就很容易想到方法了。虚无缥缈的不知道猴年马月才能得到的1000万元和现在就可以给你的10万元，你选择要哪一个？我只要证明他和我合作所得的收益能看得见、摸得着即可。于是，征得同意，我把我公司代理商中销售量最大的KK公司的销售合同全部复印了一遍，隐去了一些核心机密。在A的带领下，我带着这些销售合同的复印件来到XL公司林总的办公室。寒暄之后，我说："林总，我们公司的业务员A和你们就代理问题沟通过多次了，我是这样想的，我们能坐在一起，主要都是想干出一番事业来，我在宁夏有个代理商，实力还不如你们，但是我们是捆绑在一起发展的。我今天带来了他们公司去年一年的销售合同，都盖有公章，您看看他们去年代理我公司产品的情况。"说完之后，我把文件递给了林总。林总仔细地翻看了一会儿销售合同，点了点头，说啥问题也没有，直接签了代理合同。

由此可见，销售中一定要和对的人谈事情。如果你遇到困境，实在找不到出路，可以想想现代的"斩首行动"，想想古代的"擒贼先擒王"，然后运用破釜攻心战术，找到"贼王"，策划一件打动他"心"的事情，说不定就能力挽狂澜，让你咸鱼翻生了。

04

沟通升级

巧用 745 沟通术，轻松搞定客户

人设管理：如何成为客户最喜欢的人

说服别人通常有三个要素：谁在说，说什么，对谁说。

在这一节内容里，我主要想解决的是“谁在说”，只有解决了这个，才能让对方更愿意接受。

时常关注娱乐圈的人都知道，“立人设”是一把双刃剑，好的人设能帮助明星快速形成辨识度，找到民众记忆点，迅速吸粉，也利于媒体炒作；但人设一旦崩塌，就会带来毁灭性的伤害。在生活中，其实每个人都会通过自己的服饰、做事风格等“立人设”，让别人快速知道自己是一个什么样的人，会做什么样的事，从而对自己产生信任。普通人的人设崩塌虽然不会如明星那般带来极其严重的后果，却也会影响自己的事业和生活。所以，销售人员要学会人设管理，让人设成为他人发现自己优点的敲门砖，帮助自己优雅取胜。聚焦到销售领域，我认为一个好的人设其实就是客户心目中最欣赏的销售员，最值得信赖的合作伙伴。

1. 人设对于销售人员的重要性

我曾经在《销售就是要搞定人》一书中谈到过销售人员的“五步推销法”。如果说第一步“搜寻你的客户”、第五步“满足客户的欲望”和人设的关系不那么密切，那么在第二步“接近你的客户”、第三步“引起客户的兴趣”和第四步“激起客户的欲望”中，人设将起到极其重要的作用。

第一，当销售人员接近自己的客户时，第一印象十分重要，甚至在往后长久的相处中，都将作为销售人员的人设。

很多年轻的销售人员总是试图第一次和客户见面时就和客户成为朋友，所以第一次见面就喋喋不休，将企业、产品和自己一股脑儿强行推销给客户，这样势必引起客户的逆反心理。

相比身着皱巴西服、目光闪躲不自信、说话紧张易磕巴的形象，一个彬彬有礼、干净利落、有气场、有格调、谈吐幽默有趣的形象更能迅速在客户心中制造记忆点，更易博得客户的好感，并让客户产生进一步和你接触的意愿。

第二，销售人员进行销售工作的基础和前提是客户有兴趣和你交谈。

假如客户对你没有任何兴趣，就算你有天大本事，那也无济于事。我还在做销售的时候，会习惯性地在名片上印一个“佛”字，有些客户拿到名片后，就愿意跟我交谈。

第三，销售人员只有激起客户潜在的购买欲望，客户才会开启自我说服模式，才能有成单的可能性。

在这个过程中，你如何给你的产品和你自己塑造价值，使产品和你自己清晰化、个性化，这一点至关重要。当你的人设能透露出足够的专业度、可信感，或许客户就会主动找你交易。

2. 哪种人设容易获得客户青睐

明代晚期著名思想家、哲学家吕坤在他的探讨人生哲理的著作《呻吟语》中谈道：**“深沉厚重，是第一等资质；磊落豪雄，是第二等资质；聪明才辩，是第三等资质。”**

曾国藩也曾讲过类似的话：“稳当从容，可当大事。”

所以，你建立人设时要记住一字诀：稳，只有稳的销售人员最容易打动客户。

稳来源于宽厚平和的处世心态、深厚的知识积淀、雷厉风行的办事风格，你要在这些方面多提升自己。

3. 销售人员如何看起来很“稳”

我先抛砖引玉，从四个方面跟大家聊聊，我们如何能让自己“稳”，至少看起来很“稳”。

第一，谈吐端庄，谦逊真诚。

很多销售新手都会问我：我表达能力不强，能做好销售吗？会不会看起来很没有信服力？

其实，许多销售人员发现了这样一个怪现象：那些能说的人，并不是在团队中最拔尖的人，反而平时不太爱说话的人却总能成为销售冠军。

我认为，在和客户面对面交谈或者用电话联络时，能说会道绝对不是销售人员的必备技能，尺度不当反而显得激进、轻佻。有时候，你少说或不说，效果比口若悬河更佳。

销售人员必备的技能，应该是学会做一名合格的听众。上帝给了我们两只耳朵、一张嘴，目的就是告诫我们要多听少说。

在沟通中，你倾听客户越久，客户就越愿意接近你，遇到不同的观点也不要立刻打断、妄加评论，而要多赞扬，多肯定对方。等对方畅快地表述完毕，你再进行理性和专业的分析，如果存在不同观点，再重点加以沟通。

学会聆听、有问有答、谦逊真诚，是打开客户心灵最好的钥匙。能约束、控制自己的言行，谦逊得当，就是稳的体现。

第二，关注行业，苦练内功。

干一行爱一行，是老一辈对我们的教诲。

只有对从事的行业、销售的产品有足够的理解和认知，你才能在客户心里形成专业、稳重、靠谱、懂行的人物设定。就像俗话所说的：“要想成功拔草，必先把草种好。”

你可以在以下两个场景中努力展现自己：

实战场景 1：自己的朋友圈。销售人员应该将朋友圈直接展示给客户，保持朋友圈的专业度和内容格调，日积月累，坚持种草，这样一定会有意外收获。

我建议你如果时间和精力允许，坚持定时、定类、定量把行业的最新资讯，尤其是来自行业网站、行业 App 和行业自媒体的专业资讯，分享到朋友圈，再进行一番专业、有深度的评论。

实战场景 2：我建议你有机会多参加一些行业、公司的产品推介会、公关活动和大型会议，多认识相关行业的人。同时拍一些正装参会照片，或手握参会邀请函的照片，发到朋友圈，再配上简短、积极、正面的语言，以此来展现自己对于行业和产品的参与度。

第三，言出必行，由小做起。

大家为什么更愿意找相熟的人买东西？因为信任。为什么哪怕熟人的产品贵一点也照买不误？还是因为信任，因为放心。

如果客户在心里能和你签署一份关于诚信的认同书，那恭喜你，你离成单不远了。

因为要推销产品，销售人员每天都会做出各种各样的承诺。但如今的客户经历过很多次买卖过程，他们内心明白，这其中大部分承诺都是空洞的。

客户们都会察其言观其行，当他们发现销售员言出不行、言行不符，那么跑单无疑。

就算你事后辩解说“市场部给了我错误的资料”“我出门特别早，但堵车实在太厉害了”“我给您发邮件了，您没有收到吗？可能公司网络又出问题了”……也于事无补了，因为壁垒已经悄然存在了。

另外，不要从内心刻意去区分大客户和小客户。对待大客户，鞍前马后、随传随到、有求必应；对待小客户，能争取的也偷懒怠慢，甚至不闻不问，这样就不行。

越是细节和小事，越能彰显你的稳重。何况，这世界上没有不重要的客户。因此，切忌鼠目寸光，小客户或许是你未来的大客户。

第四，投其所好，制造相同。

这一点仅做锦上添花之用，毕竟如果强硬地投其所好，你很难坚持，而且会有翻车风险。

大部分的客户在销售人员面前都容易自我感觉良好，喜欢应付性地与人聊天。但任何人就算再清高、再冷淡，总会有自己的痛点，比如业余爱好。

仔细观察客户的言谈举止，有空多看看他的朋友圈，你就能从中推测出他的兴趣爱好。大众一点的，比如摄影、打羽毛球、滑雪、跳广场舞、“吃鸡”；小众一点的，比如跳伞、唱二人转……十八般武艺，你看看自己都会哪些，然后勇敢地跟客户约一场。

最后，我还是想提醒大家，在“立人设”这件事情上宜精不宜多，毕竟一旦出现人格冲突就尴尬了。

希望大家都能在销售之路上一直“稳”下去。

建立自信的 10 个有效方法

很多销售人员被客户拒绝多了，对比那些做得好的同事，就有点怀疑自己，有一点不自信，觉得自己的未来有点迷茫。若销售人员自己都不相信自己，客户又凭什么相信你，还能被你说服买你的产品呢？所以，建立自信是说服别人的前提，是所有销售人员都必须要过的坎、要闯的关、要克服的困难。那如何才能自信呢？我们先来分析一下自信。

定义：

自信是指人对自己的个性、心理与社会角色的一种积极评价。它是一种有能力采用某种有效手段完成某项任务、解决某个问题的信念。它是心理健康的重要标志之一，也是一个人取得成功必须要具备的心理特质。

要素：

（1）优势认定。对自己的优势与劣势有正确的认识，并对自己的实力、优势积极肯定。

（2）信念。相信自己有能力实现既定目标，特别是在问题难度加大时，会认可自己的决定或判断。

（3）敢于挑战。主动接受挑战，将自己置于挑战性极强的环境中。

（4）坚持不懈。即使处在被阻挠、被诽谤等困难境地，也不改变目标，朝着目标努力前进。

建立自信的 10 个方法：

（1）培养耐心。

自信确实需要培养，但这件事不是朝夕可达。培养自信最重要的前提就是要具备耐心。没有耐心的话，就什么事都做不成，更别提什么自信了。如果有所成就，就会伴随着自信的增长。

（2）习得并精通一种技能。

具备学习能力的人通常都很自信，反过来也一样，真正自信的人通常会相信自己的学习能力，所以面对挑战的时候他不会怕、不会心虚，他会说“大不了去学呗”。培养自学能力的基础是耐心，而习得任何一种技能都会让人更加懂得耐心的重要性，并且因为具备耐心与学习能力而更加自信。只要花时间真正去学习一种技能，并精通它，那么学习其他技能的时候就会变得更轻松——这是良性循环。

（3）相信积累的力量。

再大的石头也无法阻挡种子发芽，因为种子一旦开始发芽，尽管细胞的分裂速度不快，但生命力会极其旺盛，不断成长。滴水可以穿石的道理谁都懂，但又好像谁都不相信。处于起点的人就好像是一个细胞或者一滴水，但大多数人却希望自己在起点上就强大锋利，犹如一束激光，这不现实。要学习培养耐心，耐心地去等待，经过长期积累之后，你才可以获得难以想象的好处与力量。

（4）了解自己的局限。

没有人无所不能。就算拥有强大学习能力的人也无法做到无所不能——因为时间不够。有些领域确实需要天分，所以，在自己确实不擅长的地方，不要打肿脸充胖子，认识到自己的局限，该自卑就自卑——这没有什么不好意思的。该自卑的时候不自卑，就多了一个心理负担，并且是永远摆脱不掉的负担，最终，肯定会拖累你。凡事做得好必然容易自信，做得不好就很难自信，但是你还没上阵呢，就背着一个又一个包袱，那你能走多远？能做多好？

（5）凡事都要提前做足功课。

大声说话也好，穿着正式也罢，最多只能让一个人显得自信，而非真正自信。坐在第一排可能是因为近视，快速走路往往是因为时间观念不强——这些都与自信没关系。做任何事情，提前做足了功课，想不自信都难。当然，自信不等于自以为是，自以为是的人最终都会被现实砸倒。常言道："谋事在人，成事在天。"不要理会运气，你只要专心做好功课就行，该来的时候它自然会来。

（6）注意细节。

俗话说："行家看门道，外行看热闹。"当我们关注一样东西足够久了之后，就会发现自己犹如"开了天眼"一般，能够看到的、看清楚的越来越多。在自己必须做的事情上，一定要保持专注力；不仅要专注，还要专注很长时间。只有这样，才能看到更多的细节，才能做足功课，才能处变不惊。

很多时候，所谓“成功”只不过是一个中间状态，“更大的成功”才是挑战，如果不专注细节，“中间状态”之后就会迎来“更大的失败”。因此，要注意细节。

（7）培养从容的态度。

走路慢一点，姿态自然从容；说话慢一点，声音小一点，别人也能听清楚，但这些都是形式而已，关键在于脑子不能慢。动作太快，往往只是因为脑子太慢，想得太少，不够周到。有演讲经验的人都知道，说话太快实际上可能是因为紧张。越有能力的人越从容，因为他们的能力足以使他们掌控局面。从容是不能够模仿的，是慢慢培养出来的，因此要在销售工作中慢慢培养自己的从容态度。

（8）关心身边的人。

谁都需要身边人的支持与关心，但是也要小心选择朋友，因为你将要与他分享你的时间与生命。如果你没有这样的觉悟，就不会有真正的朋友。不过，如果你有那么三两个真正的朋友，就会比较自信。

（9）不要轻易追求完美。

完美总是好的，但并不是总能做到。事事追求完美的结果只有一个：标准越来越低。生活中这样的例子比比皆是。学会在这个不完美的世界里不完美地生存，是一种难得的智慧。深刻理解“不完美才是常态”的人，才可能做到“不会无谓地自卑”。凭借耐心，不断积累，再加上正常的智商，就算你做不到最好，也能做到更好，何必过分强求自己呢？

（10）尽量独立，承担必要的责任。

有位哲人这样说过：“一个人的幸福程度取决于他能够在多大程度上独立于这个世界。”这句话包含着深刻的智慧。很多的时候，独立意味着完整地承担必要的责任。如果一个人不能够独立，往往就会成为他人的负担，没有人不讨厌负担，而如果你被人讨厌，怎么可能自信呢？而自信的人都知道一个简单的道理，自己是自己，别人是别人；自己的事情自己完成，自己的责任自己承担。因此，要学会独立，承担必要的责任。

快速交友：三步和客户成为“好朋友”

做销售，最难的是与人快速成为朋友，取得别人的信任。

但是最难的事情往往也可以用最简单的方法解决。在我长达20多年的销售生涯中，总结出了三步交友策略，能够快速跟任何人成为好朋友。这三步分别是印象、共情和身份。

第一步：印象

印象，指接触过的客观事物在人的头脑里留下的迹象。个体接触新的社会情境时，一般会按照以往的经验，将情境中的人或事进行归类，明确其对自己的意义，使自己的行为获得明确定向，这一过程称为“印象形成”。

简单描述你与陌生人的接触：对你的印象 = 你的形象 + 你的精神心态。

也就是说销售人员去拜访陌生的客户，自己的外在形象和内心精气神都要事先做好准备，让自己在陌生的客户面前有个好印象。美国社会心理学家洛钦斯对第一印象做了大量的研究，结果发现第一印象会对人的认知产生重要的作用，它是之后的人际交往中的重要依据。这种第一印象产生的作用称为“首因效应”。良好的开端是成功的一半，在人际交往中，给他人留下良好的第一印象，既为进一步交往奠定了良好的基础，也是提高自身素养的一种表现。

你可以从以下几个方面来管理自己，给他人留下良好的第一印象：

（1）仪表。服饰、发型得体，符合自己的身份和交往场合；衣着不一定要名牌，但一定要整洁，尤其是浅色衣服的领口、袖口要保持干净；鞋要干净，越是远离大脑的地方越能体现细节；背要挺直，精神抖擞，让人感觉你很有活力。

（2）言谈举止。面带微笑；双手递接物品；主动与对方打招呼；举止落落大方，不矫揉造作；在别人说话时看着对方；不在人前挖鼻掏耳。

（3）礼仪礼貌。拜访前辈或朋友可带随手礼，谈吐要谦逊有礼；见到陌生人，先介绍自己，再请教对方名字；能清楚准确地记住对方名字，并恰当地称呼对方；仔细倾听对方说话，鼓励对方多说一些，不打断别人说话；避免谈论他人隐私和搬弄是非；不要总是谈论自己感兴趣的话题而忽略他人的感受。

（4）心理状态。用热情、主动、上进的心态和对方交流，交流的内容要阳光健康，不非议他人和传播负能量的事情；以乐观、友善、不卑不亢的态度对待他人；与他人交流时要注意力集中、精神饱满、谦逊、彬彬有礼，不可狂傲、敷衍了事。

除了上述四个方面之外，你还要注意第五个方面：建立人设，让自己第一次见面就能得到别人的喜欢、欣赏。

前面的章节我们已经提到过人设，这里再补充一些。人设指个人为自己塑造的受大众或粉丝欢迎的品格形象，广义上还包括性格、价值观、生活方式、外貌等。

每个人心中都有对好人、坏人、值得交往的人、朋友、亲人这些人的定义和标准，如果你去拜访他人时，可以根据他人的年龄、职业、性别、家庭情况、出身、受到的教育等情况换位思考：假设我是他，我喜欢一个什么样的来访者，然后按照他喜欢的来访者形象标准来塑造自己。这样，你一出场就能获得他的欣赏和喜欢。这个按照要拜访的人心中喜欢的来访者形象来设计的自己的形象，就是销售员的人设。

实战中，如果你的人设符合客户的标准，言谈举止、礼仪礼貌都让客户感觉舒适，那么客户一定会对你有一个良好的第一印象，这样你就成功了一半。

第二步：共情

销售人员不管自己的销售能力如何，产品有何不同，见到客户后第一件事情总是要向客户表明：

我是谁?

我做什么?

我能为你做什么?

他人或客户也是从“你是谁，你做什么”来大体知道我们的概况的，这是我们给客户留下的第一印象，也是我们的特征或标签。当我们描述自己或他人时，特征是我们首先要提及的。比如：

“哦，我知道，你说的那个人是我的同事张明，瘦瘦小小，喜欢佛教，天天笑眯眯，从不和别人争吵。”

“我是谁？哈哈，领导真是贵人多忘事啊，我是上次拜访你的那个个子不高、和你聊书法的光头水泵销售员，想起来了没有？正好我今天路过你们公司，想来讨杯茶喝，你看方便吗？”

特征是一个人的外在标签，是你之所以是“你”的至关重要的一部分，形容特征的词语有很多，比如友善、和善、宽容、老实、诚实、热情、精神饱满、害羞、睿智等。特征构成了一个人的形象。特征的作用是使他人对你产生初步的认识。

特征是告诉他人你大体上是什么样的一个人，但他人并不能确认你就是这样的一个人，特征并不能直接给你带来朋友，他人还需了解你，通过你的个人信息才能确定你是一个什么样的人。在个人信息的交互中，如果你与他人的价值观、人生观、目标、爱好、喜好等贴近、吻合，那么根据喜好原理，你就会与他人冲破肤浅关系中的障碍，建立较深的关系，就是俗话说的“惺惺相惜”，有共同语言。

研究人际关系的美国学者山姆·高斯林在2002年做了一次实验，实验数据表明，如果在和他人的交往中，主要是闲谈、聊天，而没有聊太重要的主题，那么尽管双方聊得很开心，甚至彼此留了电话号码以便日后联系，但是由于聊的内容没太大价值，以后再联络的可能性几乎为零。所以，如果想给人一个深刻的印象，以便日后能与其保持联系，就要与他人交流一些能共同理解、有价值的话题，比如音乐、书籍、衣着、电影、电视节目、热点新闻及运动。

有一个所谓的“关系四大铁”：一起组过队、一起学过习、一起分过钱、一起骂过人。我们都知道同窗情、同乡情、战友情是最珍贵的感情，为什么珍贵呢？因为两个人在差不多的年龄一起度过了美好的岁月，时间无价，彼此的时间是合并在一起度过的，有共同的回忆，就会引起共鸣，就会感同身受，就会你最“知我”。而根据喜好原理，每个人都喜欢和自己相似的人，所以当你发现自己和交流对方有一样的爱好、有一样的经历、喜欢同一首歌、喜欢同一本书的时候，你就会有相似之感，就会自然能理解对方，对对方产生好感。

所以，想和一个陌生人成为好朋友，你就必须找出一段与别人相似的经历、一件别人也做过的事、一个和对方一样的喜好，这样双方会因为有共同点而有共同语言，就会你懂我，我也懂你，交流起来就会没有障碍，很顺畅，交流多了就能交心，心都交了，自然就会成为朋友。

第三步：身份

我们这一生会有很多朋友，但总体来说朋友会来来走走并不固定，老朋友久不联系就会渐行渐远，最终离去；新朋友因利益相关而天天聚首，亲如家人，是远离还是亲近，那就要看：

你是谁?

曾经做过什么?

你能给他带来什么?

志同道合的朋友才能一起走得远，那怎么判定这个人和你是不是志同道合呢? 就要看身份了。身份是一个人的内在故事，它是已经消失的过去、非常清晰的现在和比较迷茫的未来这三种岁月的整合，因此才有了此时此刻的这个人。身份是一个人的核心，所以真正想了解一个人，你就必须定位且直视他的身份。

身份包括人的出身和社会地位，它反映出一个人的人生观、价值观和世界观。在现实生活中，我们总是扮演着不同的角色，也有着各种各样的身份，比如，你的职业是教师，教书育人；同时你也是一个儿子，要孝敬长辈；你还是一位父亲，要养育孩子……不同的身份，决定了你思考问题的方式不同，也决定了你的行为，更决定了你向他人显示你能做什么，你能给他人带来什么价值。

物以类聚，人以群分，销售人员的职责就是促成交换，所以，销售人员在学习产品知识、解决客户的问题之外，还要通过“印象、共情、身份”这三步交友法，积极地和客户建立相互帮助、相互促进、共同发展的朋友关系，这样才能更好地销售产品。

好的聊天效果是设计出来的

在我的培训课上，有一个学员问："倪老师，我是一个刚刚进入销售行业的小白，你说的很多销售道理我都懂，也很认同，但落实到实际中应该怎么做呢？比如就像你说的，创造一个愉快的聊天环境，那应该怎么创造呢？"

我告诉他，销售是练出来的，不是学出来的。针对这个问题，还是要多练。

那么怎么创造一个愉快的聊天环境呢？我觉得可以通过以下四个方法来实现：

1. 场景法

示例 1：

看见客户张工一个人在办公室，销售员小白说："张工你好，我又来了，恭喜恭喜。"

张工很诧异，抬起头看小白一眼："恭喜什么？"

小白说："张工你是我的福星啊，我昨天第一次拜访你后，出门用 10 元钱买了一张彩票，结果中了 2000 元，这不特来向你报喜嘛。"

张工心想，这算什么事啊，你中奖却来恭喜我，不是扯淡吗？张工不理小白。

小白看张工不理他，接着说："张工，我请你喝杯咖啡，庆祝一下中奖。"

张工心里很舒服，嘴上却说："滚。"

这样的场景，虽然有点生硬，却传递出一个信息：小白是个舍得花钱的人。

这简单的几句对白，为以后的成功合作悄悄地埋下一个种子。因为每个人都想从交易里获得好处。

示例 2：

看办公室没人，我真诚地注视着客户说："张工，快过年了，把这个单子早点定了，好让我们过个好年啊！"

通过过个好年这个场景，让张工联想到美好的生活，他的心情自然就会好起来。

一个很厉害的销售员，每句话都应该有这样那样的诱惑，让人有这样那样的价值联想。销售员说多了，客户总能因其中一句产生价值联想，从而勾出他的欲望，产生和你合作的想法。

2. 互惠法

吃东西，尤其是免费的东西，是很愉快的事情，我们可以创造一个这样的场景：

销售小白第一次拜访客户，在客户楼下买了 2 斤橘子，5 元钱。小白敲开客户的门，进了办公室，小白说："我是卖水泵的，请问，哪位工程师是负责这个业务的？"

张工瞥了小白一眼，说："你有什么事情吗？"

小白屁颠屁颠地跑到张工面前，说："没事没事，就是来打探你们有没有打算采购水泵。"

说完，小白把名片和说明书递给了张工，然后又拿出几个橘子给张工，说："刚刚楼下买的，味道不错哦。"

话音未落，小白又去把剩余的橘子分给张工办公室里的其他人。在一片"谢谢"的声音中，小白又回到了张工那里，说："不好意思，不好意思。"

张工翻了他一个白眼，没理他。过了一会儿对他说："资料先放这儿，有需求的时候，电话联系你。"

从销售对话上来说小白是 0 分，但是从做的事情上说，小白是 60 分。

销售活动是从说对话、做对事开始的。

所以，小白哪怕话说得再愚笨，但是做了一点有益客户的事情（送橘子），客户总体对他印象还是不错的。这个场景的塑造，其实就花了 5 元钱，但是创建了一个愉快、吃免费东西的场景。贪小便宜是人人皆喜欢的事情，而吃人嘴软拿人手短，小白下次再来拜访，相信办公室的人对他的态度就热情多了。这一招也是很多销售小白能签订一些小合同的原因。

小合同靠做事。小合同没多少利益，很多人不关心，所以销售员把事情做好就可以拿单了。

大合同靠谋划。大合同利益巨大，各方都要抢，仅靠做人做事下辈子也轮不到你拿单。比如国与国之间的高铁项目订单，你见过哪个国与国之间的高铁项目订单是仅靠销售人员做人做事做成功的？

3. 地点法

小白用几元钱塑造的场景虽然简单，但是有效。而一些销售高手塑造的场景，就比较厉害了。比如，一些销售把客户请到咖啡馆，如果是同性，甚至请到家里（安利直销业务员就喜欢这么干），在温馨的灯光下，一起吃点、喝点、聊点，客户一般就很难深度拒绝对方。

同样，在过去，很多外企的男性销售员在约客户的时候，总是选择当地最好的酒店，在五星级酒店的咖啡间，在宽敞明亮、豪华奢侈的环境下，客户很难觉得自己很牛气，而是感觉这个销售员很有实力，所以很容易被征服，从而主动想与销售员合作。

4. 语言法

我有一次去拜访给北汽集团供货的一个电池厂的北京客户，客户的总工问我：“你怎么来的？”

我指着工厂门口的一辆奔驰车对客户说："我朋友送我过来的。"

客户说："喊你朋友一起进来坐坐喝茶啊？"

我轻轻一笑，说："他哪有那个资格，他以前是给我拎包的业务员，我们不用管他。"

客户深深地看了一眼大奔，自动把他的傲气深埋在尘与土中。进去谈合作，就变得很简单了，我先提供一台样机，测试三个月，满足要求，他们就采购。

销售员的每句话所表达的态度，或和善，或嚣张，总是针对不同的人，传递一些信息过去，听的人自然明白。

社会上有句话说："明人不用细说，响鼓不用重锤。"听别人话要听弦外之音，就是这个道理。

好的场景，好的语言，能让别人产生联想，联想到快乐、健康、金钱、未来等，有了联想就有了欲望，就有了强烈合作的冲动。这就是我们要塑造好的沟通场景的原因。

我们要把和客户交谈做成一个框架，再塑造一个场景，做到"我的主场我做主"，把自己和客户都拉进设定的框架内进行交流。那么，销售员自己首先要符合设定，符合框架的要求。我来分四点说明一下：

（1）因为与客户交流是正式的，所以你的着装必须正式，你的语言也必须是较为正式的专业语言或者商务语言。

（2）和客户的交谈会受客户的专业、职务的限制，你们的对话必须在他的职权范围内。

比如，你和客户的一个工程师交谈，就不要出现企业的税收、规模、企业管理之类的话题，因为他是被管理者，谈管理超出了他的知识结构。

同样，面对一个总经理也不要谈技术、产品这样的话题，因为总经理考虑的是行业、政策、市场起伏、远景、管理学、政治等这样的宏观概念。你谈技术细节，降低了你和他的层次，他会认为你和他的价值不匹配，没共同语言，会把你赶出去。

（3）我们拜访客户的总目标是希望客户最终采购我们的产品，所以无论什么时候都必须体现出你是客户的最佳供应商。从最初的亮相到最后的收尾，你都要体现出你与其他销售员不同的价值。

（4）工业品销售从初次拜访客户到最后签约一般需要1~6个月，在这个漫长的时间里，发生变化是再正常不过的事情，所以销售人员要潜入客户内部，了解客户的情况，第一时间知悉客户的变化，并在第一时间应对。

假设这是你第一次拜访客户，我们将第一次拜访分为三个阶段：拜访前、拜访中、拜访后。

拜访前：

你要做BANT信息收集。出发前你要检查自己的钱、打火机、烟、笔记本、样品、样册等销售中经常会使用的物件，准备妥当后再出发。

拜访中：

你要做到五点：（1）精心设计自己的开场白，第一印象要出彩。（2）引起客户兴趣（如不能引起客户的兴趣，则无法进行有效的交流）。（3）在交谈中发现客户的兴趣所在，激发他的欲望（呈现价值和客户的欲望匹配）。（4）与客户达成一些共识。（5）说好收尾话，结束拜访。

拜访后：

你要发短信或打电话感谢客户的接待，或者写一份正式的感谢信，预约第二次拜访时间。

在拜访的前、中、后阶段，最困扰销售新手的可能是开场白，那么如何设计一个好的开场白呢？具体如下：

介绍法：你可以说："张工，我前几天去拜访化一院时，化一院的李工向我推荐了你，说让我来拜访一下你。”

赞美法：你可以说：“张工，我是做水泵的，一下子看到这么雄伟的建筑，就觉得你们可能会需要水泵，所以我想进来看看。”

样板法：你可以说：“张工，你们附近的市政府招待所用的是我们的水泵，我想你们这样的宾馆估计也会用到我们的产品，所以我就想拜访一下你。”

信息法：你可以说：“张工，我们公司有低噪声水泵，对你们的宾馆项目的降噪有很大帮助，所以我来向你宣传一下。”

表演法：你可以拎个水泵样品，去客户办公室给客户看看。当年我就把一台不锈钢水泵（潜水泵）拎到了某制药厂，给设备科的看。产品在他们的办公桌上放了一个多礼拜，他们喊我拿回去，我说不签合同就不拿回去，那么漂亮的水泵，他们可以当个艺术品欣赏啊。结果没几天，我就签订了一份不错的水泵采购合同。

差异法：一般人的名片上都是介绍公司的，而我在20世纪90年代做销售的时候，名片上印了个“佛”，算是小小的差异。这样的差异往往能吸引客户的注意，他们往往会问：“你信佛？信佛怎么做销售了？”于是我就和他们聊开了。

开场白有很多种，我就曾见过好的开场白——城际汽车停车场的卖报人的开场白。很多不善营销的卖报人只是在报摊上把报纸一摆，便无声无息，任你选购，但城际汽车停车场的卖报人却很善于吆喝，且噱头十足，比如他会喊：“卖报卖报，1元2份，某国军舰已经到位，某某两国又起冲突！”这样一嗓子，旅客一听，啊，怎么回事？于是纷纷解囊买报。

好的开场白能引起客户的兴趣，客户感兴趣了，也就不会找个理由把你轰走了。

第一次上门拜访客户的另一个比较重要的难关是：**如何让客户对你说的话一直感兴趣。**

开场白说得好，能让你有1～3分钟的时间和客户聊天，但是客户一旦发现和你聊天索然无味，同样会关闭对话的按钮。所以，如何激发客户的聊天兴趣，让自己的聊天话题变得更有兴致，更吸引人，也很关键。

不管是怎样的聊天，你都要**把客户带入你提前设定的架构内。**

把客户带入你设定的架构内，你就紧紧地拉住了风筝的线，不管风筝如何飞，这一场谈话的主线都被你牢牢地控制在手上。

“不打无准备之仗”，你拜访前收集的BANT资料，这个时候就起到作用了。由于事先你充分地收集了资料，所以你现在就能成功抓住客户的注意力，让客户对你们的谈话内容产生兴趣。

我做工业销售很多年，总结出了一些经验：

你要以自身行业、公司、产品、人的故事、新近发生的新闻作为切入点，引起客户的注意，从而让他进入你所构设的内容框架内。

在聊天的语言上，你要尽量使用客户的语言和商务、专业语言，一般不使用那些生活语言，不能说“我的乖乖”“中不中”“可造”这样的土话。

主谈的人，最好语言表达能力强，擅长把语言演化成画面，这样具有更强的谈话冲击力。由于客户的注意力持续时间有限，销售员还要在谈话中设计一些问话，让客户积极地参与进来，鼓励客户多说话。

如果客户沉默多了，可以在适当的地方插入互动性的话题或者小段子、小笑话来吸引客户的注意力。

我相信运用这些技巧与方法，你和客户的交流一定能顺利进行下去，从而更好地开展销售工作。

沟通前准备：筹划一场无法抗拒的说服

商业中没有沟通就没有交流，没有交流则无法交心，当你处在信息孤岛如野蛮人时，你的生意能经营下去才怪呢。美国克莱斯勒汽车集团前总裁李·艾柯卡说："你可以有聪明的想法，但如果你无法让别人明白你的想法，那你不会有任何成果。"

在如今这个信息流垂直到每个人的移动互联网时代，可以说交流无处不在，出门遇见邻居打个招呼，到单位和同事见面问声好，和朋友打个电话，给客户发个电子邮件，网红与粉丝互动，主播与看客互动，这都是沟通。上下级之间，同事之间，销售员与客户之间，部门与部门、公司与公司之间，都离不开沟通。

沟通如此重要，如同空气对于人类。因为沟通太普通、太普遍，所以绝大多数时候人都是靠本能在交流和沟通，言为心声，自己心里想什么，嘴巴就说出来。但是人与人之间是有差异的，理解力也各有不同，很多时候我们以为自己说得很清楚，但是听者却云里雾里的。更严重的是，有时候我们无意说出的话，自己认为没什么，但是听者却内心如晴空霹雳，无法接受。

据说民国时期，某省举行某大桥建成典礼，当地政府的一把手就邀请他的更高领导去剪彩。在剪彩典礼上，政府一把手亲自当主持，当他请坐在主席台上的领导来到主席台前面的空地剪彩的时候，他说："请领导下台剪彩。"

话一出口，政府一把手就知道自己说错了，但是木已成舟无法挽回。剪彩结束后大约 3 个月，这个政府一把手就被派到其他省进行异地交流，被边缘化了，政治生命也就结束了。原来这个政府一把手的领导年龄到了，但是还没退下来，特别忌讳"退休"之类的话，而"下台"这样不祥的话更是其逆鳞。

销售工作难免需要“说”，让客户感觉愉悦、满足、信任而认可的“说”是销售人员应该掌握的一种技能。对销售员而言，高效地“说”、高效地“沟通”、高效地“征服客户”，不仅仅是一种职业技能，更是一种生存方式。在销售工作中，不能掌握简明有效的沟通说服技巧是致命的。如果你词不达意，不能把自己的优势、差异化卖点等表述得简明易懂，客户不知道你究竟想表达什么，不知道你的产品对他来说有什么特殊的价值，他无法说出一定要买你的产品的理由，那你就会在与竞争者拼杀时没有战斗力，甚至失去客户。

“工欲善其事，必先利其器”，我们和他人沟通，想有战斗力，得到想要的结果，就必须事先做一些准备。“凡事预则立，不预则废”，有了准备，才能保障过程，从而确保结果。

那么，在销售中需要做哪些准备呢?

1. 沟通时，说话要遵循“5 字”原则

预

成功很多时候是反复思考和实践的结果，就比如说乒乓球运动员，缺少横纵向的思考和反复训练，是成不了顶尖职业选手的。在拜访前，销售人员要收集大量翔实的客户信息，比如客户所在行业的态势，客户公司的运营情况，客户公司的新闻、传闻，客户公司的生产工艺、组织形态，客户代表的个人信息，包括籍贯、年龄、职务、毕业学校、特长、爱好、价值观、性格、婚否、小孩多大及在哪里读书、有无特殊信仰等，通过这些信息去思考客户的现状和需求，准备吸引客户的开场白和销售话术，让客户觉得你是真心实意的，是专业的，是可以信赖的生意伙伴。

专

一个新建项目或大客户采购项目，客户所需要购买的设备种类较多，且原理各不相同、技术复杂，客户的绝大部分人都不是专业技术人员，需要通过培训来学习产品知识，而销售员就是最好的产品培训师。作为一名销售人员，你一定要熟练掌握自己产品的专业知识，还要精通商务知识，这样在和客户交流时，你表达的方式是专业的，你所阐述的内容是通俗易懂的。千万注意，不要“为专而专”，实际上，你说什么并不重要，客户听到什么才是最重要的。而特别专业的词汇只有专业水平的人才能理解，客户虽然听到了，但是由于他不是这个专业的，可能不太理解，从而影响你们交流的深度。所以，销售人员要善于化浓妆艳抹为清水芙蓉，让客户更容易懂，留下好的印象，从而达成获得订单的目的。

准

和客户交流时，回答客户的问题不能敷衍、莫须有或模糊不清，更不要长篇大论却不见重点，而要尽力揣摩客户的真正深意，搞清客户的关注点，明白客户想了解什么，然后精准地回答。根据客户的现场情况和自己了解的程度，正面回答，也可以侧面回答，或者例证式回答，忌答非所问。

全

面对客户的问题，不是滔滔不绝地说个不停就能显示你的专业水平，更不是回答得越多越好，而是要针对客户的问题进行全面回答，这样才能显得你的知识结构是完整和周密的，你是专业的。对客户想了解的问题，不要有所遗漏。客户的知识结构一般不是很完整，所以在客户有所疑惑的时候，你的回答一定要全面，没有必要遮掩，或者回避一些对客户和你自己不利的“点”，最好一次性全部回答出来，从正反两方面进行阐述，这样客户会觉得你是真诚的，你的立场是公平的。譬如，客户问起你的产品质量，你可以说产品的优点，也要说明随之而来的价格稍高这个缺点。

问

人无完人，销售人员也有知识缺陷，所以在和客户交流时，遇到自己不确定的或者无法回答的问题时，你要善于委婉地反问，当然不要引起客户的反感。你反问的目的就是拖延时间，让自己更清楚地了解客户的需求和问题，思考一下怎么回答。

譬如，客户突然问你："你们的竞争对手某某公司的产品，你觉得如何？"

你如果反应太快立即回答，不论是好话还是坏话，都可能让客户觉得这家公司还是不错的，连他们的竞争对手都知道这家公司，看来这家公司在行业内还是挺有名的。

那么，该怎么做呢？你可以表情略带惊奇、语气弱弱地反问一句："这家公司也来拜访你们了吗？这样的小公司，我们还以为没有销售员在外面跑业务呢？"

交流的最终目的是宣传自己的好，让对方接纳我方的建议。预、专、准、全、问这 5 个原则只是我们和客户交流的时候我们说话的准则。说话沟通不是目的，而仅仅是手段，是为拜访目的服务的，所以在沟通的时候，销售人员一定要清晰地知道自己这次拜访客户的目的是什么。知道目的，准备好素材，在合适的时间用合适的素材，能让客户在沟通中感到惊喜，觉得自己有所获，从而对销售人员更加信任，有助于销售人员实现目标。

2. 设定拜访目标，找到实现目标的方法，打好腹稿，保证结果

销售人员是以结果为导向，为实现目标而工作的。工作的方法就是：制订销售计划，然后按照计划去销售。销售人员每次拜访客户，都要设立目标，都要明白自己拜访客户的目的是什么，如何去做才能实现目标。拜访客户的目标分为战术目标和单元子目标。战术目标指的是邀请客户进行一次技术交流；请客户参观考察；让老客户增加订货量或品种，向老客户推荐现有产品中尚未经营的产品，介绍新产品；要求新客户下订单等。单元子目标包括收回账款，处理投诉，传达政策，建立客情等。所谓打好腹稿，就是确定好做某件事情的目标之后，大脑里要对事情的开始到发展乃至结束这整个过程进行真实的预演。由于日常工作中销售的管理者并不对销售人员的策划能力进行要求，所以很多销售员的工作方式就是见招拆招，觉得车到山前必有路。从理论上说，面对金额小的单子，最基层的销售人员是不太需要策划能力的，他们按照事物的规律和惯性去工作即可。但是企业的销售高管和资深销售人员必须精通策划，在最初，每件事情都必须有腹稿，这样练习久了，不用打腹稿也会按照腹稿的框架进行自动演化。优秀的销售人员面对大项目时几乎百战百胜，是和他会打腹稿的能力分不开的。策划能力是高级销售的基础能力之一，所以销售人员要花点时间在这个能力上下点功夫。比如给客户打电话，你可以拿一张白纸，在白纸上模拟你们的通话内容，把你的开场白写上，模拟客户的回答，对反对和同意都做相关的语言演练，这样演练两遍后，当你真正打电话的时候，你会发现，和客户打电话原来如此轻松，一切尽在你的掌握中。

除了纸上演练，我在 20 世纪 90 年代做水泵销售管理者的时候，还经常组织大家进行现实场景实战模拟，我让一个销售员打电话，另一个销售员扮演客户，两人进行对话。这样进行实战演习，一是能提高销售员的胆量，以及遇到突发事情进行处理的能力；二是能让他们把脸皮练得更厚，这样就能熟练地掌握打电话的套路。我们应该养成在做某一件事情前主动打腹稿的习惯，这也算是运筹帷幄之中、决胜千里之外吧，也是一种“谋定后而动”的体现。

3. 做好企业资质资料和个人仪表仪容、心理状态的准备

你会喜欢一个一问三不知、空口说白话的销售员来拜访你吗？当然不会，销售资质资料犹如战士手中的枪，凡是有利于销售工作的资料，销售人员都要带上。调查表明，销售人员在拜访客户时，利用销售工具，可以降低50% 的劳动成本，提高 10% 的成功率，提高 100% 的销售质量。销售工具包括产品说明书、企业宣传资料、价格表、宣传品、样品、有关证据证物、名片、打火机、香烟、口香糖、笔记本、钢笔等。销售员是客户了解企业的一个窗口，销售员代表了企业的形象和实力，良好的仪表仪容是最好的宣传企业形象的广告。作为联系企业与客户的纽带，如果销售人员有端庄的仪表、得体的打扮、大方的举止，再加上阳光、真诚的态度和富有亲和力的谈吐，客户肯定会对销售人员产生良好的印象，从而为沟通打下一个基调。

4. 了解客户，了解竞争对手，做好竞争推荐的准备

知己知彼方能百战不殆，你连对方想要什么、担心什么、期待什么都不知道，何谈把话说到客户的心坎里，让客户接受你的提议和方案？所以，在拜访客户之前，你就要尽可能多地对客户进行了解，既可以实地观察，也可以在网络上搜索。比如，一个医药行业的 OTC 销售员，他在拜访重要客户之前，要先去这个客户的门店做信息收集，看看竞争对手都在这个店里卖什么产品，陈列商品的位置、面积，商品数量、生产日期，商品上是否有灰尘，有没有海报等。除此之外，他还问零售员竞品卖得怎么样，哪个产品正在热卖，一个月能卖多少，卖竞品有没有奖金，奖金是多少，竞品的销售员是否经常来维护，零售员对竞品销售员印象如何，竞品销售员是否经常做促销活动等。销售员做了这些详细的信息收集之后，就能在和客户的沟通中有的放矢，进行针对性的沟通说服。

假如你是美容院的店长，上午 10 点，你迷迷糊糊地刚刚打开店门，就

有熟悉的顾客进店来想做项目。顾客打了一夜的麻将，她想先做个香薰，结果你说：“不好意思，我们的美容艾材昨天用完了，新艾还没到。”顾客停下脚步，发现店里的卫生还没搞，沙发上一堆杂物，连坐的地方都没有。于是顾客说：“那我来个肩膀按摩。”你说：“美容师去买早点了，还没到店呢……”你说，店门都开了，但任何准备都没做，你能做出傲人的业绩吗？

失败从不需要计划，但成功需要，良好的开始是成功的一半，没有精心的准备，谁能保证有良好的开始？因此，你一定要做好前期准备。

7 秒开场：瞬间得到客户的信任与认同

你能一个手势就让几百甚至几千人同时停下自己的动作吗？

你能一个动作就让人感觉这世界开满了花，不由自主地微笑吗？

你能一句话就说服身价百亿的人辞去工作跟着你混吗？

很多人会说，我不能。是的，看一看，就觉得好像不能。

但，几百人甚至几千人的会场，如果你一只手举起，手掌向下，另一只手食指伸出，顶住那只手的手掌，你不需要说话，你目光所及之处，所有人都会慢慢停下来、静下来，等待你说什么。

乔布斯对百事可乐的前总裁约翰 · 史考利说：“你是想卖一辈子糖水，还是跟我一起来改变世界？”于是，一句话就说服了世界顶级公司的总裁跟他重新打拼事业。

如果我说，7 秒钟，给你 7 秒钟，让一个完全不认识你的陌生人喜欢你，你能做到吗？

心理学的“7 秒钟”理论说，人与人见面的时候，产生的好恶决定是在头 7 秒钟内做出的。也就是说，从理论上讲，7 秒钟的时间你是可以做到让一个陌生人喜欢你的，但问题是，你如何做到？

一般而言，销售人员第一次与客户见面要注意以下四点：

（1）保持干净、清爽的仪容。根据环境、客户和工作场所的不同而选择不同的服装，这是对客户的照顾和尊重。如果不确定着装要求，那最好穿正装。形象是演出来的，就像明星是被塑造出来的。你想成为什么人，就穿什么衣服，而不是你是什么人就穿什么衣服。

（2）面带微笑，神采奕奕。微笑必须是发自内心的，否则就会让人感到皮笑肉不笑，不真诚，心怀鬼胎。以人的眼睛的两个瞳孔以及下巴中间的一点为连接点，画一个假想的三角形，我们称之为"亲密三角"，属于"随意区"。你的目光落在这些地方，对方会认为你比较随意，态度不是很端正。如果是和恋人在一起，这样的注视就会使对方沉浸在激动的遐想当中。以眉心为中心，半径为 3 厘米，在左眼以右、右眼以左、脑门以下、鼻头以上的地方画一个圆，我们称之为"注视区"。如果你把头微微前倾，温柔地微笑，手掌展开，手心朝上，同时催眠式地凝视着对方的这个区域，那你就是一副开诚布公、坦率而毫无隐藏的样子。一定要注意，眼光不要在对方的脖颈或胸部游离，这是"敏感区"。如果对方是一位女性，更会产生误解。另外，在与客户的目光接触时，对时间的把握也很重要。如果你总是紧盯着对方不放，对方就会感到不自然，或产生被威胁的感觉；如果你只是很快看一眼，对方就会感觉你不太自信。所以，恰当的目光接触不宜超过 3 秒，也不能低于 1 秒，以 2 秒为佳。

（3）亲切地招呼对方，说话时要开朗愉悦。对方从你的第一句话中就能体会到你的真诚。有魅力的领导者会以一种独特的方式说话，而一口方言有时会被认为学识不多，但更热情。有经验的销售高手懂得在第一次见面时运用感情，比如充满感情地对一个职场白领说"你气质真好"。有时候情感比逻辑更重要，你可以用讲故事的方式来表达自己的想法，注入真情实感，并善用同理心，注意开头和结尾要足够吸引人，这样对方才会愿意与你交流。

（4）言谈举止充满自信，不卑不亢，稳稳地握住对方的手。握手的两个基本原则：一是要简单有力；二是双眼要注视对方。

这四点，算一算，我们每个人似乎都可以在7秒钟内做到，但我不认为仅凭这四点就能让陌生人在7秒钟内喜欢我，他最多觉得我这个人干干净净，还不错，很正常。

所以，至关重要的第五点来了。这第五点就是业余和职业的差异，就是普通人和明星的差别，就是社交菜鸟和社交高手的分水岭，就是从别人不可能喜欢你到一定喜欢你的转折点。那么，这第五点就是**角色设定**。

你可以用3分钟来问自己：

（1）在客户面前我扮演的是什么角色？

（2）我能为客户提供什么价值？

（3）假如今天我的工作表现优异，获得了客户的赞扬，那客户是怎么赞扬我的呢？

这些就是你的角色设定，回答完这些问题，你就明白了这第五点的真正含义。

社会上有这样一个现象，同一个班里能力差不多的毕业生出去找工作，外表漂亮的、更有气质的人找工作会更容易，面试通过的概率会更大。究其原因，面试官很可能不自然地以貌取人，会对外表漂亮的、有气质的人产生好感，认为他们其他方面应该也不赖。

有这样一项研究：给同一款汽车打广告，一个广告里有性感的女模特，另一个广告里没有性感的女模特。男性普遍觉得前一个广告里的车速度更快，更讨人喜欢，显得更名贵，设计更精致。事后问起他们，男人们拒不承认是漂亮姑娘影响了他们的判断力。这就是喜好原理的强大威力，也是为什么越来越多的车展、游戏展成了“妹子展”。展商通过美女吸引人气是一方面，另一方面是运用喜好原理，把客户对美女的喜好转移到了对产品的喜好上。

对于这一点，恐怕不会有人持反对意见。比如，你购买一件产品，朋友的推荐对你的影响远远大于商家的广告。这也是为什么越来越多的商家开始利用圈子营销，相信你的朋友圈里也有各式各样的产品推销。

喜好原理是指大多数人对自己认识和喜欢的人会更有亲近感。研究表明，在决定是否购买产品时，社会纽带（朋友、老乡、家人、校友等）的影响力要比消费者对产品好恶的影响力强两倍。

假如我们换位思考，从客户的角度去想：“假设我是客户，我特别喜欢这个第一次见面的销售人员，要是买东西，我一定买他的。”在这种情况下，客户会怎么评价这个特别好的销售人员呢？一定是：非常熟悉产品，能对采购的问题对答如流，而且能提出有深度的观点，为人热情，说话有感染力，敢于提问，有问题马上就沟通，不藏着掖着，关注自己的产品给客户带来的价值，能帮助客户解决问题，而不是上来就说自己的价格低买自己的产品合适，做事有耐心，不因短期困难而放弃……

经过分析后，我们以客户喜欢的销售员形象出现在客户面前，这个时候就自动触发了客户的喜好原理，客户就会不由自主地喜欢我们，想多了解我们，从而为进一步沟通打下基础。

除了角色设定之外，我们依据喜好原理，还能在其他方面获得客户的喜欢吗？当然能了。我从五个方面来分析一下：

（1）外表魅力。前面我们说过，我们会自动给长得好看的人添加一些正面特点，比如有才华、善良、诚实等。一项模拟招聘研究发现：应聘者能否获得聘用，打扮是否得体要比工作能力占的比重更大——只不过面试官不承认，他们认为外表只对他们的选择有小小的影响。

（2）相似性。一位研究员发现，保险公司的销售员在年龄、生活习惯等方面跟客户相似的时候，成交的概率比较大。很多销售员喜欢跟客户找共同点，如两人是老乡、校友啊。这一点，应该好好学习一下。

（3）恭维。我们喜欢听别人恭维自己，尽管很多时候我们知道那只是些恭维的话，对方只是为了讨好自己才说那些话，但我们还是喜欢那个人。所以，销售员要适当地恭维自己的客户。

（4）合作。接触的多少会影响一个人的喜好，并对各类决定会发挥一定的作用。几年前，俄亥俄州发生了一次有争议的选举，有个人竞选该州的检察长，本来他获胜的希望极为渺茫，可选举前夕，他把自己的姓改成了布朗——该州的政治望族大多姓这个，结果居然赢了。

与客户合作也是很重要的。为了一个共同目标而奋斗的氛围，会让两个人彼此产生好感。如果一位汽车销售员站在客户这边，向老板力争给客户一个优惠价，客户就会对他产生好感，愿意购买他的产品。

（5）条件反射和关联。糟糕的消息会让报信人也染上不祥，而人总是讨厌带来坏消息的人，哪怕报信人跟坏消息一点关系也没有。这就是条件反射，人的本能。所以给客户带来好消息，你才能给对方留下好印象。

至于关联，可说的太多了。前面说的香车美女就是一个例子，另外还有和明星、体育赛事、文化热潮关联等，销售员都可以学习一下。比如，某个综艺节目火了以后，很多商家就利用此喜好关联做广告，获利不少。

到这里，你可能也清楚了，想在 7 秒钟内赢得陌生人的喜欢，其实关键点在于要换位思考，站在陌生人的角度，依据陌生人喜欢的“角色”来设定自己的“形象”。

职业销售与普通人的区别在于：普通人和人处关系完全看双方是不是合脾气，而职业销售如果他愿意，能在 7 秒钟内让每一个遇到他的人都喜欢他，然后聊个几分钟就成了对方信任的人。

经过一番学习，现在你也可以做到在 7 秒钟内赢得陌生人的喜欢了吧。

我们来总结一下，其实很简单，做到这五点即可：

（1）和客户匹配同阶的服饰，拥有阳光心态和热情的状态。

（2）精心设计第一句话，包括语音、语调、语速（匀速 + 配合对方）。

（3）挺直身姿 + 善意的微笑（气定神闲）。

（4）注视对方的眼神要稳定，最好看对方的眉心。

（5）角色设定。

经常提前准备和精心设定角色，你一定能在一出场就抓住对方的心，让对方喜欢你，抢占对方的心灵。接下来，我来教你用四大铺垫引诱对方对与你交易这件事产生欲望。

4 大铺垫：让成交变得快速、简单

罗马不是一天建成的，胖子也不是一口吃起来的，万丈高楼平地起，它也是一块砖一块砖垒起来的，同样地，说服客户也不是一蹴而就的，它是一点一点缔造好感、增加信任，让客户有完美体验，慢慢铺垫起来的。所以，销售行业用一句话来描写沟通：铺垫 60 分钟，成交 5 秒钟。马拉松运动员前面艰苦卓绝地跑很久，冲刺就在那短短几秒钟内。一个人，6 岁上一年级，不断学习，直到 12 年后参加高考，就短短两天，胜负立分。做销售工作也是这个道理。

7 秒精彩开场只不过是开了个好头，如何用 5 秒收尾不战而胜，才是关键。犹如小学考进了前 10 名，初中、高中该如何努力、如何层层铺垫，才是关键。那么，销售员该在哪四个方面做铺垫，来为未来 5 秒成交保驾护航呢?

1. 心理铺垫

我们对陌生人提出的要求一般都会具备警惕之心，因对对方不熟悉、不了解，会本能地启动自卫心理，因此，在我们开始运用沟通说服术之前，一定要根据喜好原理，先获得对方的喜欢，然后通过沟通询问，了解和掌握对方的喜好，并使自己尽量向对方靠拢，让对方感觉我们是“自己人”。

社会心理学上有一种效应叫“自己人效应”，是喜好原理在社交中的实证，就是说，要想使对方接受你的观点、态度，就得想方设法让对方把你归为与他同一类型的人。人们总是喜欢和与自己相似的人在一起，往往对“自己人”所说的话更信赖、更容易接受。社会心理学中有一句话：“假如你想说服人们承认你是对的，让人们按照你的意见去做，那么，只向人们提出良好的建议是远远不够的，你首先必须让人们喜欢你，否则，你的意图就实现不了。”说得很有道理，销售员应该学习一下。

一个会展公司想承办一家名企的 10 周年文艺庆典，会展公司的人员在与这家名企的老总碰面之前详细查阅了这位老总的创业历程，发现这家企业成立之初成绩平平，在一次竞标中，这位老总在目标公司的门口等了 10 多个小时才等到了他想见的老板，并在短暂的沟通中成功说服对方，从而给企业赢得了重要的发展机遇。于是，会展公司的人员在会面中说出了这位老总的这个故事，请他也给予自己一个同样的机会。听到这些话，老总一下就将对方和自己曾经的经历联系到一起，不再觉得对方陌生。结果可想而知，老总充满感慨地采纳了这个公司的建议。

这个“自己人效应”不仅适用于人们初次见面，同样也适用于人们说服熟人。中国有句俗话叫作“话不投机半句多”，而让对方感觉投机的方法之一就是与他有共同点，并且与对方在共同点上看法一致或类似。所以，销售界一直有个上不了主流台面，但是实战有一定效果的说法：**同流才能交流，交流才能交心，交心才能交易。**

想与对方同流，必须先了解对方的基本信息和现在情况。对对方有了足够的了解，你才能找到对方的喜好点，然后在喜好点上有意地与他同流。双方在某点上同流，自然就能进行交流。比如，我在拜访客户的时候，发现客户上衣是 Jeep 品牌的，而我穿的牛仔裤恰好也是 Jeep 品牌的，于是在聊天的时候，我给客户看我穿的牛仔裤的 LOGO，客户发现是 Jeep 品牌后，会意一笑，瞬间我就感觉和客户没有了距离感，觉得他是自己人。因为都穿 Jeep 品牌，所以在这个话题上有共同点，就可以交流。如果看法一致，就形成了共鸣，就实现了交心，自己人就更进一步变成了“知己朋友”。根据喜好原理，如果你是客户的知己朋友，你的成功率是靠产品吸引他的成功率的 2 倍。换句话说，本来客户只有 30% 的意愿想买某个东西，但是因为你和他是朋友，你向他推荐这个东西，客户买的概率会达到 60%，这就是中国商界一个古老的法则：做生意，先交朋友。

把“同流才能交流，交流才能交心，交心才能交易”这个沟通递进建立关系之法与销售方法和流程进行匹配，实际上就是这几步：

收集客户情况→挖掘和确定客户需求→呈现产品价值

但从事销售的同人们一定要注意，“同流才能交流，交流才能交心，交心才能交易”这类观点立足于建立良好的客户关系，属于关系销售，**它的本质是：客户群定位一致、产品同质化严重、产品品质相仿的时候，客户会优先采购朋友推荐的产品**。如果产品的品质相差较大，即使与买家再交流、再交心也无法实现交易。

譬如，销售宝马车的销售人员，就无须与想购买桑塔纳车的准客户进行同流、交流活动，那会浪费自己的时间和精力，是属于客户定位不清晰的低效行为。即使你偶尔说服一个原计划购买桑塔纳的客户购买了宝马，但从整体来看，肯定是一种低效的状态。

2. 事实铺垫

客户公司层面的信息搜集，可参考如下表格（以阀门销售为例）:

表 4-1

话题概要	内　容	部　门
公司情况	企业性质	
	人数（单人产值）	
	产值（单位产值）	
	组织结构	
	工艺、生产、商务、领导等	
	相关新闻	
	行业现状	
	上下游情况，原料是自产还是外购	
使用工况	工艺名称	
	工段介质、温度、压力	
	对阀门材料的要求	
	原料、生产过程、关键设备、关键工况等	
竞争对手	用的是什么类型的阀门，压力、口径是多少，有无特殊要求	
	用谁家的产品，价格如何，销售代表的名字是什么，与客户是什么关系	
	用的情况怎么样，满意度	
	出现了什么问题	
	如果要替换产品，希望产品有哪些优势（如解决方案、质量、价格、交易期限、服务等）	

续表

<table>
<tr><th>话题概要</th><th>内　容</th><th>部　门</th></tr>
<tr><td rowspan="4">装置运行情况</td><td>检修原因</td><td></td></tr>
<tr><td>计划检修时间，检修历时多长</td><td></td></tr>
<tr><td>更换阀门的情况</td><td></td></tr>
<tr><td></td><td></td></tr>
<tr><td rowspan="3">项目情况</td><td>项目阶段</td><td></td></tr>
<tr><td>设计分工、建设单位</td><td></td></tr>
<tr><td></td><td></td></tr>
<tr><td rowspan="6">设计单位</td><td>工程建设形式（总包或设计），设计单位的特色，业内状况</td><td></td></tr>
<tr><td>项目负责人（项目经理、总工、工艺、采购）</td><td></td></tr>
<tr><td>设计进展（总设、详设、预计出料单时间）</td><td></td></tr>
<tr><td>相关工艺</td><td></td></tr>
<tr><td>同类型客户</td><td></td></tr>
<tr><td></td><td></td></tr>
<tr><td rowspan="6">行　业</td><td>行业状况</td><td></td></tr>
<tr><td>产品应用（上下游情况）</td><td></td></tr>
<tr><td>同行其他厂家的情况</td><td></td></tr>
<tr><td>受经济危机的影响</td><td></td></tr>
<tr><td>国家政策</td><td></td></tr>
<tr><td></td><td></td></tr>
<tr><td rowspan="5">期　望</td><td>解决什么问题</td><td></td></tr>
<tr><td>降低成本</td><td></td></tr>
<tr><td>寿命</td><td></td></tr>
<tr><td>减少因阀门故障导致的非计划停车</td><td></td></tr>
<tr><td>急需</td><td></td></tr>
</table>

续表

话题概要	内　容	部　门
采购计划	备品备件	
	换零部件	
	更换产品类型	
	增补产品	
	采购周期	
	检修计划、申报计划	
	预算	
采购流程	何人何时在何地怎么采购的（决策人、关键人、影响人、线人）	
	如何采购，我们的机会	
采购习惯信息渠道	惯用或已用的品牌	
	杂志网站	
	他人介绍	
	展会	
	销售人员推广	
如何选择供应商	信息渠道	
	审批过程	
评价供应商原则	业绩、价格、交期、服务、地域、资质（认证、生产能力）	
	关系	

续表

话题概要	内　容	部　门
进入供应商名录	提交相关资料	
	技术交流	
	做关键人工作	
	中间商引人	
	与设备配套	
如何把握采购进展	拜访周期（电话联系周期，登门拜访周期）	
回　款		

客户个人层面的信息搜集

我们要从个人情况、教育背景、家庭信息、工作经历、个人喜好、生活方式、客户与我的关系现状这七个维度去搜集客户的信息。其中的个人喜好、生活方式，可参考如下方面：

· 饮酒习惯，嗜酒类与分量，是否反对别人喝酒；

· 是否吸烟，是否反对别人吸烟；

· 最喜欢的午餐、晚餐地点，偏好的菜式，是否反对别人请客；

· 闲暇有什么娱乐活动，喜欢读什么书，喜欢什么度假方式。

搜集的信息越多，我们对客户越了解，就越能找到共同点，越能针对性地为其提供增值服务，赢得客户信任。比如，我们在搜集客户的“生活方式”信息时，发现客户喜欢喝红酒，我们就要留意身边的圈子，或者直接加入红酒圈子，留意一些红酒商人的红酒品鉴会活动。一旦发现有相关活动，我们就建议客户去参加。在客户喜欢的点上投其所好，给予客户快乐，就能拉近与客户的关系。

搜集完客户信息之后，我们要明白怎么使用信息，也就是怎样用合适的语言表达。人类的语言分为两种：一种是人生向往型语言，比如快乐、发财、爱好等；另一种是人生忌讳型语言，比如死亡、贫贱、苦痛、失意、有害、错误等。

使用语言的基本规则是：

（1）用卑下的语言打动小人，用崇高的语言去说服君子。

（2）人生向往型语言是美好的，可以用于说服对方做某事；人生忌讳型语言是灰暗的，可以用于终止对方做某事。

3. 需求铺垫

我曾经去广东阳江市的海边度假，发现一个很偏僻的地方居然也建有很多楼房，心想这些房子能卖掉吗？有一天，我在海里游完泳往回走，路过售楼部，就假装看房子，和某别墅项目的置业顾问李先生聊了一下。

李先生说："我卖的不是现在，而是未来。我卖的不是房子，而是感觉。"

李先生举了一个例子：

有一位客户来自北方，李先生陪他在海边走了走，告诉他现在房子所处的景区刚刚建成，很多人都不知道，不过未来房子百分百升值，很有前景。他便心动了，想买。这位客户是普通的企业中层人员，他回家跟太太商量，太太怎么也不同意，他就有点泄气了。李先生说："买房子是你的家事，我不便多说，但如果仅仅是因为太太反对你就不买的话，那我建议你最好带她来感受一下，路费我公司来出。"

这夫妻俩果然来了，但妻子肯定不是来买房子的，只是想免费旅游一下。然而，她在海边走的时候，真心地感慨说："这里的天真蓝，这里的海真清，这里的阳光真纯，这里的沙滩真干净，海风吹在身上感觉真好！"

可是提到买房子，也就是行业内所说的"压单"的时候，这位太太却说："在这里买房子干什么？一年不知道能来住几天，说不定就白白地闲置了。"

这就是问题的症结，将抗拒点沟通出来之后，李先生说："刚才你说得很有道理，确实如此，如果换作是我，也会这样想。不过，旅游区的海景房升值快，而且你们退休后冬天可以来这里住，这里肯定比北方强，能让你们调养身体。你再想想，只要在这里买了房子，即使不来住，你也会因为在这碧海蓝天、金色沙滩之处有个房子而感到骄傲，你身边的同事、朋友们，有几个人在海边旅游景区有房子？你在这么漂亮的海边有自己的一套房子，你的心里也会时时掠过海上的习习凉风、阵阵波浪。我有，他们没有！这种感觉多么美好。这就相当于你开着一辆宝马，而你遇到的人都骑着自行车，这种感觉多爽啊！人这一生，活的不就是一种感觉吗？"

听完这一番话，这位太太行动了，她和先生商量后，当场交了定金。

在这个例子里，李先生就抓住了客户的心理需求，成功地拿到了订单。

人的需求就像一座冰山，这座冰山共有三层：

第一层是显性的利益，比如产品、价格、质量等，这是大多数人所能看到的购买原因。但实际上，这只是"冰山一角"。

第二层是潜在的利益，包括关系、维护和交往等。

最深层是深藏的利益，也是真正影响成交的因素，包括情感、感受、信任等。

从需求的"冰山理论"我们可以发现，大部分人都认为客户很在意显性的利益，从而忽视了潜在的利益和深藏的利益的影响，但实际上，潜在的利益和深藏的利益才是成交的关键点。

人们往往愿意和熟悉的朋友做生意。即使与陌生人做生意，也要一步步地试探，因为还不够信任，情感也不深。当然，客户拒绝成交时，一般不会说“这是因为我跟你没有情感，对你不信任”，而是以产品质量不够好、价格太贵等作为托词。销售员要意识到这一点。那么，我们如何挖掘出客户的真实需求呢?

挖掘需求可以分四个步骤:

（1）找伤口。通过旁敲侧击来了解客户的现状，寻找客户心中潜在的难点与不满点。设置背景问题的目标是侦探出难点问题。

（2）挖伤口。直接询问客户对于难点和不满的感受，弄明白可能造成的后果，让客户认识到问题的存在和解决问题的重要性。

（3）在伤口上撒盐。把难点进一步放大，让客户感觉到解决问题的紧迫性。

（4）在伤口上抹蜜。针对客户被放大了的难点和问题，提供有效的解决对策，用征询和提问的方式来征求客户的意见和建议，这样呈现的解决方案会更加柔性和隐蔽。

下面以李老太买李子的三个情景来实践一下:

情景 1:

李老太到集市买李子，她走到第一家水果店门口，问店员:“这个李子怎么卖? ”

店员回答说:“1.8 元 1 斤。这李子又大又甜，很好吃的。”

李老太没等她话说完，转身就走了。

情景 2:

李老太走到第二家水果店门口，问:“你这李子怎么卖? ”

店员回答说:“1.8 元 1 斤。您要什么样的李子呢? ”

李老太说:“我要酸的李子。”

店员说："正好我这李子又大又酸，您尝尝……"

李老太选了一个尝了尝，有点酸，于是买了2斤。

情景3：

李老太提着李子回家时路过第三家店，她想验证一下她的李子是不是买贵了，于是她便问："你这李子多少钱1斤？"

店员回答说："1.8元1斤。你要什么李子呢？"→（找伤口）

李老太说："我要酸的李子。"

店员好奇地问："你为什么要酸的呢？这年头大家都要甜的啊！"→（挖伤口）

李老太说："我儿媳妇怀孕4个月了，想吃酸的。"

店员说："原来这样啊。那你为什么不买点猕猴桃呢？（在伤口上撒盐）猕猴桃口味微酸，营养丰富，含有丰富的维生素，同时这些维生素很容易被小宝宝吸收呢。既满足了你儿媳妇的口味，也为小宝宝提供了丰富的维生素，一举两得呢。"（在伤口上抹蜜）

李老太觉得有理，于是又买了2斤猕猴桃。

发掘客户的需求是所有销售员都必须学习的重要一课。你连别人想什么都不知道，就跑过去与他沟通，你给的不是对方想要的，对方会有兴趣和你沟通吗？而销售人员了解客户需求至少要区分成两个层面：第一层面是直接层面的需求，老太太需要的酸李子；第二层面的需求是潜在层面的需求，也就是客户需求背后的需求，就是老太太买酸李子的动机，为了满足怀孕了的儿媳的营养需求，这就是运用情感铺垫在销售中占得优势的方法。

4. 有价值体验的铺垫

曾经有一名推销安全玻璃的销售员，其业绩一直都保持全公司第一，在一次销售员的颁奖大会上，主持人这样问他：“请问，你是用什么特殊方法让你的业绩总是保持第一的呢？是不是有什么秘诀啊？”

销售员说：“秘诀是有的，不过很简单，说出来大家就会恍然大悟。每次当我要去见一位客户的时候，我的皮包里面总是放着许多小块安全玻璃，并且随身带着一把小铁锤。当我见到客户的时候，我就会问他：‘您相不相信安全玻璃？’事实证明，大多数客户都会摇头表示不太相信，这时候，我就把安全玻璃放在他们面前，然后拿锤子往玻璃上砸去。可能很多客户都会对我的举动感到吃惊，但当他们发现玻璃真的没有被砸碎的时候，就会感到非常震惊。然后客户就会说：‘啊，这真是太神奇了。’就这样我的安全玻璃总是不愁卖不出去。”

听过他的秘诀后，几乎所有销售安全玻璃的销售员出去拜访客户的时候，都会随身携带安全玻璃样品和一把小锤子，按照这个方法去做。

你们可能会担心这名销售员因此而使自己的业绩受到影响，可是经过一段时间后，大家发现这名销售员的业绩仍然保持在第一名。大家都觉得十分不理解，于是，在另一个颁奖大会上，主持人问他：“现在很多人都在效仿你做同一件事，为什么你的业绩仍然能够保持第一呢？”

销售员笑了笑，然后说道：“原因很简单，我知道自己上次说出秘诀后，大家一定就会模仿我的做法，所以自从那次以后，我去拜访客户，当他们不相信的时候，我便把锤子递过去放在他们手里，并把玻璃放到他们面前，请他们自己来砸。”

这名销售员的成功，就在于他善于调动客户参与体验产品的积极性，让客户真真切切地感受到他的产品是多么优质，从而赢得客户的信赖。越来越多的案例证明，商业争夺战已渐渐变成了以用户体验为中心的销售模式了，谁能让客户有更好的体验，谁就能抓住客户的痛点，赢的概率就更大。

如果说服者遇到了一些比较固执己见的说服对象，可能会感觉有些方法用在这些人身上并不奏效。那么，可以用一下在 90% 以上的人身上都非常有效的说服技巧——“体验式说服”。体验式说服是指说服者通过观摩、尝试、试用等方式让对方亲身体验产品或服务，实际感知产品或服务带来的快乐，从而促使对方认可、喜欢并购买他们所体验的产品或服务。

海底捞号称人类已经无法阻止的一家公司。江湖上流传着很多关于海底捞服务的传说。比如，有客人想把没吃完的半盘西瓜打包，海底捞员工给他包了一整个西瓜。可真是我原想收获一缕春风，你却给了我整个春天。这样的服务，是任何标准流程都无法具体规定的。员工之所以能这样想尽方法打动顾客，让顾客有非常非常被尊崇的“体验感”，是因为公司想尽方法打动了员工。

那么，海底捞是如何打动员工、激发善意的呢?

农村孩子来到海底捞，公司会给他们培训如何使用 ATM 机，如何坐地铁。发工资时，公司会把一部分钱直接打给他们的父母，让他们也感受这份荣耀。店长离职，就算去了竞争对手小肥羊，公司也会给这个店长 8 万元的嫁妆；如果是小区经理，给 20 万元；如果是大区经理，送一家火锅店，这样的事情数不胜数。

这样对待员工，稍微有点感恩之心的员工，能没有善意吗？大家绞尽脑汁，出工、出力、出活。海底捞有近万名员工，流动率保持在 10% 左右，而中国餐饮业的平均流动率为 28.6%。

员工在海底捞体验到了在别的公司感受不到的温暖和热情，自然就会用更积极地工作和更高忠诚度来回报公司。

因此，要做有价值体验的铺垫。

5 秒收尾：期待前置，让客户自己说服自己

宁可要到手的铜也不要隔夜的金子是很多人固有的行为模式，很多人信奉“落袋为安”的决策标准，认为对方说得再好，只要没有把它变成现实的财富，放进自己的口袋里，那么心里就不安稳，就不能合作。这种决策模式是人们在风险和事态不确定时所采用的，这就要求销售人员尽量消除客户对风险和事态不确定的担忧，只有消除了这种担忧，一些目标成交客户或想要达成一致意见的人才会做出成交或同意的决策。

销售工作需要运用对销售活动规律的认知，并依据规律来实践拜访工作，用一些有效的技巧来促进关系，从而实现成交。譬如，我们认识到，和客户不熟的情况下，一见客户就推销产品，这是正向直线式的推销，这样表面上看是最快的推销路线，但是实际上是最笨最慢的推销路线，因为你这样做几乎百分百的客户都会说“我已经买过了”或“最近很忙，有空再聊”，委婉地拒绝你。

如果我们认知到“信任是成交的基础”，那么很明显，我们的推销策略就不再是直线式的推销，而是会以退为进，先慢慢和客户培养感情，等有感情了就慢慢有了信任，有了信任就开始去推销，挖掘客户的需求，然后结合产品形成一个解决客户需求的方案，这个方案能使客户得到他想要的，所以他就会想合作，想和你交易。这样以退为进、以慢为快的成交策略，实际上可用于销售赢单，就是 S1651 赢单体系；如果用在与人沟通方面，说服对方，那就是 30745 沟通模型。

切记：**客户不是被我们说服的，客户是看到我们的方案，希望能帮助他实现他的期待而自愿决策与我们合作的。**

换句话说，**客户是被自己的“想要……”期待说服的。**

客户想赚钱，所以他接待销售人员。客户想在安全的基础上赚更多的

钱，所以客户一开始对所有的销售员都一视同仁，但走着走着，他就和那个能给他最大价值的销售员单独“约会”了，所以，其他被淘汰下来的销售员就会纷纷抱怨：这个客户很难缠，这个客户油盐不进，这个客户不讲武德……

不成熟的人都认为“错”是他人造成的，纷纷抱怨指责；成熟的人没“错”都会时时检讨自己哪里做得不好，看网上一个同行做得很好，就想着自己能不能学他呢。所以，如果你不想成为那些抱怨的人的话，就要学会做那个能给客户想要的最大价值的人。

好，你已经让客户喜欢上了你，也尽可能多地了解了客户的一些情况，探索出客户的真实需求，知道他需要什么，也知道他为什么需要，现在到了关键的时刻——是**展示你的解决方案，呈现你的高价值，吸引他和你成交**的时候了。

呈现高价值，是人生的一部分，你找工作，需要展示你的价值；你想升职，需要让你的上司看到你的价值；即使谈恋爱，也要让你心仪的女生发现你的某一个与众不同的价值。若要打动对方，你一定要让他知道你手上有他梦寐以求的东西，这样他才会像糖果店里的小孩一样，迫不及待地要听那些你必须告诉他的话。这个时候你千万不要说些消减热情的无用细节让他厌烦，而要用为他量身定制的、他渴望拥有的东西来维持他的期待，从而呈现出你的高价值，从而实现溢价成交。

假设你在机场候机厅开设了一家紫砂壶专卖店——实际上我在广州机场就看到过。一位潜在的顾客走进你的紫砂壶店，看到一个不错的石瓢壶，他把它拿起来一看，感觉不错，然后问你：“这把壶多少钱？”

你告诉他：“6800 元。”

“哦，”你能想象到他惊讶的表情，“这壶也太贵了。”

你要和他沟通，要说服他，你怎么办？说些什么？

有经验的人都知道，你可以用数据说服任何一个人，但是他绝少埋单。

为什么?

你听说过“**理性选择，感性决策**”吗？这是销售的基石理论，是所有买家所遵循的购买原则。

我们的大脑各司其职，大脑皮层负责数据、判断、理性，但是不负责行动。负责行动的是内脑，除此之外，它还负责情感、艺术。所以，你说得再好、再有逻辑、再有道理，但这只是让他理性上觉得“你说得对”，看起来你的产品确实是最好的，但是他会说，“我不想现在就买，还是再等等看吧，看有没有更便宜的”。

你看，理性上，他承认你说得对，你的产品是最好的，是适合他的。但是，感性上，他会对自己说，“等一等，我再看看有没有更好的”。**客户不会为“信任”或“它是最好的”而埋单，但会为自己想要的埋单，所以我们卖的不是产品本身，而是客户想要的一种感觉，客户感觉值，他就会买。**

所以，一个有经验的销售员，在客户问起价格的时候，一定不会只用语言表达这只壶如何如何好，是如何如何值这个价格，他一定会把这把壶拿出来放在客户手里，让客户抚摸、把玩、观察，去感受这把壶。

在客户把玩、感受这把壶的时候，他会谈到这只壶是哪位大师手工制作的。意思是每一把壶都是手工制作的，都是独一无二的，而且制作这只壶的原料是何等稀少，足显其弥足珍贵。

请注意，当你在描述这把壶是由一名著名工艺大师用手工制作出来时，已经赋予了它稀缺性，体现出了它的珍贵价值。

这个时候你可以继续说道：“大师还在壶底打上了自己的印章。这把壶采用的是纯珍稀材料，没有划痕，所有部分都很完美。最重要的是，原材料已经封矿，这种材料用一次少一次，不可复得。这把壶独一无二，所以注定会升值。”

你应该以一种聊天式的口吻说出这些话，不要太严肃，要让客户看出你不是一个纯商人，而是一个有情怀的人。当你介绍了这把壶从何而来，为顾客提供了一些非常吸引人的信息之后，6800 元的价格听起来好像也不像开始那样高得离谱了。

当价值提升时，价格似乎就下降了。价值是顾客从购买的商品中所获得的全部利益。

一旦顾客理解了价值，价格就变得不太重要了。

我自己平时抽烟只买 22 元一包的玉溪，但当我去拜访多年没见的同学时，却买了两条 1200 元的烟送给他；深圳的一个女学员来听我的课，为了省 30 元打车费，坐地铁、转公交车，很辛苦地辗转多次才赶到会场，但是她听我说现在戒烟了，改抽电子烟了，于是中午出去特意花了 800 元买了一个新型电子烟给我使用。

我们都明白，**自己喜欢的、觉得有价值的东西，即使价格高一点也是要买的。**

某件东西是否昂贵因人而异，甚至每次购买时感觉也不一样。有时，价值在于通过购物表达爱意；有时，价值在于寻找投资；有时是为了拥有声望、时尚或耐用性；有时是为了和某人保持联系。

广州有一位女企业家，她老公是广州周边的佛山市一家国有企业的总经理，夫妻两人各有一番自己的事业。这个女企业家发现她办公室的电路时好时坏，电工一检查发现这个办公室已经装修 10 多年了，很多东西都自然老化了。电工把损坏的电路都修好了，也告知企业家整个系统都老化了，不如重新换一下。女企业家想不如趁维修电路的机会重新把办公室装饰一下。办公桌还是以前买的普通材质的，现在重新装饰，不如买红木的，一是保值；二是显得气派，来客户了会很有面子；三是她自己喜欢。

就这样，她找到了在广州销售红木家具的销售员小张。经过多次设计、整改，他们终于敲定了这笔合同，合同价为 72 万元。就在合同签订后的第二天晚上，这个女企业家忽然打电话给小张，说不想买他家的了，要求合同作废。

电话里说不清楚，第二天一大早，小张就去女企业家的工厂找到她，问她为什么不买了。

女企业家说："小张，我很认可你这个人，你确实很优秀，不过我告诉你，昨天又来了一个红木家具的销售员，他的家具和你的一模一样的，只要60万元。你现在能降到60万元吗？如果能降到，我们重新签订一个合同。"

小张说："确实降不了了，这个单子我们企业的利润只有5万元，加上给你安装、运输等人工成本以及开票什么的，我们几乎不赚钱。为什么我们几乎不赚钱也要做呢？就是想有个广告效应。因为你是广州的著名女企业家，在行业内赫赫有名，你用了我们的家具，用得挺好，你那么多朋友来访，肯定会注意到你换的这个办公桌，这也是免费帮我们做广告。"

女企业家说："但是你比同行贵12万元啊，你又不降价。"

小张说："林姐，你想想看，你是那么大的企业家，资产上亿元，居然为了便宜12万元去买一个昨天刚刚认识的人的产品，质量还不知道怎么样呢。省钱是好事，但是不能省了你的大企业家的豪气。我们老板为了显示公司的实力，给他老婆买了个游艇天天在朋友圈晒呢，客户一见都觉得我们公司有实力，生意更好做了。林姐，你省了12万元，万一用得不好，可能其他女企业家就会说，看，便宜无好货吧，某某公司林老板为了省十几万元，被人骗了。我的天，林姐，如果传出去这样的闲话，你这形象损失最少上千万啊！"

女企业家听小张这样说，笑了一下，就说："行吧，合同还是照样履行吧，早点送货过来啊！"

这个案例里，竞争对手是这样说的："产品都一样，都是红木材质，外观也一样，但是我的产品比他的便宜12万元。我们企业也是大公司，只是来晚了，你对我们公司的产品了解不足而已。不过，现在既然认识了，一样的产品何必要多花 12 万元呢，做生意赚钱都不容易。”这样的话术打动了女企业家，她更改了自己的决策。小张问清事情的来龙去脉之后，并没有在价格上去战斗，而是选择女企业家最担忧的点做文章：“别人可能会说，一个拥有那么大企业的女企业家为了区区 12 万元的小便宜就把签订的合同推翻了，是不是她的企业快倒闭了？”这个话术方案，使女企业家改变了决策，说明这个话术方案很有价值。

解决客户的问题是客户做决策的原因之一，而给客户创造高价值是客户做决策的动力之一。举几个例子：

例 1：

我以前从事真空泵的销售工作，我的一个目标客户是某煤炭集团下属煤矿的采购处刘处长，初次见面，我和刘处长进行了交流。

我说：“刘处你好，我是上海某某真空泵的倪建伟，上周我去拜访某某矿，他们说你们这边真空泵需求更大，让我一定要来拜访一下你。”

刘处：“……”

我说：“刘处，你们家的煤出厂价是多少？我有两个江苏的客户，是大型化工厂，一年需要不少煤，他们采购部的人对现在煤炭贸易商的品质不太满意，想从厂家直接买，他们知道我这样的销售员天天四处溜达，消息比较广，让我帮他们留意，看能不能找到有实力的煤矿和他们合作……你看你这块有没有意向，我把你的联系方式给我那两个客户。”

刘处拿了纸和笔，写下了他的联系方式。

（注：煤炭企业需要把开采出来的煤卖掉，卖煤虽然不是采购部的痛点，但却是煤炭企业的痛点，每个煤炭企业都期待自己的煤产品能卖光光。如果销售员能帮助自己的客户把产品销售出去，解决其企业痛点，满足其期待，那采购部的人为什么不欢迎这类销售员呢？这是帮助客户解决实际问题，如

果你能帮助你的客户卖掉他们的产品，给他们介绍客户，你还愁客户不关注、不购买你的产品吗？）

例 2：

我做销售总监的时候，工作之余受其他企业邀请会给他们做销售类培训，给企业培训的同时，也是给了自己一个学习提高的机会。在一次拜访客户、洽谈合作的时候，客户的副总裁和我聊了几句之后说：“倪总，我们公司下个月月底会把所有销售人员集合在一起开个培训会，我发现你的销售观点特别适合我们的销售员，这样，过两天，我安排人力资源部负责培训的同事和你对接一下，你看看能不能抽出时间给我们公司销售员培训一下？”

我很高兴地说：“当然可以！”

（注：能被企业邀请为其培训是我的荣幸，可以让我的知识得到传播，是我乐意的事情。这不是痛点，是期待点，客户的副总裁敏锐地感知到了我这个隐藏的期待点，于是，他提出邀请我给他公司培训，这一下子击中了我的期待，给我了“快乐”的想象。友善地对待别人，对方也会友好地对待你，于是给双方合作奠定了基础。）

每一个人都对未来有某种期望，心中有某个梦想，都希望自己能梦想成真，都有对期望实现之后的快乐憧憬，销售人员要敏锐地发现客户的期望点，然后用语言或行动明示或暗示客户你能帮助他实现期望，帮助他梦想成真。这样，他就很愿意与你进一步合作。人啊，谁没有梦想？谁不想自己的梦想成真？但有时，我们自己的力量是实现不了的，这个时候，如果有人有能力有意愿帮助我们实现梦想，你会拒绝这个人的帮助吗？

拒绝不了吧！

05

实战升级

销售技巧的多维应用，让你十单九中

技巧只是利器，品质才是“正合”

人不可能生而知之，我们所有的知识和技能都是后天学习得到的。就连走路这么简单的事情，小时候也是花费了好几个月才逐渐练好的。做销售也是一样，我们学习和掌握所有的销售知识和技巧，都要以书本为师，以实践为师，以同事为师，以客户为师。唯有谦逊，多向他人学习，我们才能逐渐完善自我、提升自我，最终成就自我。

在我从事销售工作初期，就曾遇到过一个非常认真的客户，但也恰恰是这个客户，让我反思自己，逐渐走上了一条正确的销售之路。

这个客户是新加坡人，他的中文说得很溜。

1997 年，香港某集团在武汉修建一个广场。我从设计院设计师那里得知，广场的空调泵被新加坡的某公司总包了，于是我从设计师那里要到这个新加坡公司老板的联系电话、地址，去拜访他。

刚见面，我介绍完自己，这个老板就问我一句：“你们公司这个 75KW 的泵比转速是多少？”

“比转速？这个我不清楚。”我确实不知道这个比转速概念。水泵的主要技术指标就是功率扬程和流量，这个比转速是比较偏的知识，我还真没关注过。

“那你这个 75KW 的泵的有效功率是多少？”

“有效功率大概是 79% 吧。”我回答。

“啪”的一声，客户把我的资料甩在办公桌子上。

“什么叫大概？你作为一个销售人员，自己都不清楚，什么都不懂，就来推销东西！你去找业主吧！”

说完，就把我赶出了他的办公室。

我一时哑口无言，不知如何应对。

这就是我当年在武汉这个广场做水泵销售故事的起点，第一个回合我完败。

这个看起来很年轻，但对工作特别认真的新加坡客户告诉了我一个道理：

你一定要做你所销售产品的专家！

没有任何理由，也没有任何原因。你做不到你所销售产品的知识专家，就得不到客户的真正认可和尊重。

销售切忌说大概、也许、可能、或许……这样模棱两可的话，会显得你不专业，对自己的产品没有信心。作为销售，你都没有信心，客户怎么会对你有信心？

这是客户给我上的第一堂课，使我受益良多。在以后的工作中，我每次都靠自学掌握了丰富的产品知识，而这几乎成了我虎口夺单的最有效助力。

很多销售人员之所以做不了单，就是因为太过于注重销售技巧和方法，而对掌握产品知识不那么重视。其实，没有深厚的产品知识，没有真诚善良的品行，所有的技巧都不过是花招。

技巧只是利器，只是“奇胜”，知识和真诚友善的品质才是“正合”。

实战案例分析一：客户为何久攻不下

网友问题：

我是销售环保软件的，顺带也销售仪器，现在客户是环保局，写参数的是站长 A，他说参数自己已经写好了，预算是 130 多万元，但采购的事找他没用；局长 B 说他不管采购，A 全权负责。我做过的很多单子的客户都是这样的。你能不能帮我分析分析该怎么办，这个单子下面应该怎么做？

我的分析：

这样的案例首先要做客户分析。

既然叫环保局，要么是市环保局，要么是区县环保局。如果是市一级环保局的话，单位比较大，管辖的东西比较多，因此，局长 B 可能就会放权，真的不管这样的小事。

同理，如果是区环保局的话，管辖范围比较小，资金来往量不大，那么 100 多万元的采购，对区一级环保局来说已经算是单位大事，局长必定会亲自去管。

我们假设是区一级的环保局，那么我们来继续分析：

（1）谁在管这个事情？

站长 A 说找他没用，局长 B 说自己不管采购，A 全权负责。局长 B 的这句话是什么意思？

局长 B 不管采购，但是不代表采购员自己能决定购买。采购员还是会把自己的采购意见主动向上级汇报，逐层汇报，最后就到了局长 B 那里拍板。

（2）客户为什么要买你的产品？

客户 A 说找他没用，B 说自己不管，总之这两人都在把销售员往外推，这说明了什么？说明客户认为销售员没吸引他的地方。这是人性的本质，对自己没有利益的事情大家都不愿意干，对自己有利的事情，大家都抢着干。

A 和 B 都把销售员当皮球踢，这说明销售员既没把公司的优点宣传到位，也没把自己推销出去，总之工作做得不到位、不扎实。

针对这个问题，我给出了行为建议。

根据人性趋利避害的特性，我建议销售员苦练武功，不要为跑客户而跑客户，要踏实地沉到工作中去。具体做法如下：

（1）要多宣传自己和公司的优点。

起码要给客户三条必买你的产品的理由，这个是卖点，也是差异化的体现。

（2）要获得并理解客户的采购程序、采购标准。

销售员找了客户 A、客户 B，但是没有信息表明客户的采购程序是怎样的，采购标准是什么。销售员所在公司能配合好客户的采购程序吗？产品能满足客户的采购标准吗？这些事情不弄清楚，死在哪里都不知道。因为销售老手往往会在采购程序和采购标准里做手脚、玩花样，比如采购标准设定是进口产品，而你卖的是国产产品，那么一下子你连参与的机会都没有了。

（3）最好把 A 发展为线人。B 是拍板人，一定要搞定。

销售员的基本功是在客户内部发现和培养一个线人，让线人给自己提供客户的内部信息，此案例中的销售员看样子也没去发展线人。所以，这也是一个极大的不足，是需要弥补的。

随便找几个成单的要素来看，就能发现此案例中的销售员都没做到位或没去做，这说明销售员缺少大局观，缺乏必要的控单手段，他只是本能地去拜访客户的一些部门和人，靠套近乎拿单，这是不行的。销售员必须具备大局观，必须清晰地知道如何去做，才能赢单。看来其公司没培训这一点，或培训的时候他没认真学习，所以建议他系统地学习一些必要的销售理论，提高销售技巧。

（4）邀请客户去他的样板客户处参观考察。

实战案例分析二：如何甄别客户的话是真是假

网友问题：

倪总，您还记得我上次跟您说的找杨总的事吗？杨总是某个地产商的弟弟，我去拜访他，他说没有空调采购计划，但是技术部的张工明确地告诉我有空调采购计划，我现在不确定他们两个到底谁在说假话，麻烦您帮忙分析一下。我觉得杨总位高权重，他不可能会说假话，所以我现在怀疑是张工在说假话，但张工说假话对他也没什么好处啊！求您帮忙分析一下。

我的分析：

这是一个网友发给我的微信，向我求助如何甄别客户的真话假话。现在在我看来，这是一个非常简单的问题，但是在 10 年前，我面对这个问题时也是非常迷茫的，不知道答案。我也被客户的话忽悠过很多次，慢慢就学会了如何甄别客户的真话假话。做事情的时候，我们一般会按照这个步骤进行：接触→陌生→熟悉→掌握→超越。销售的事情也是如此，不触碰，哪能熟悉呢？不熟悉，哪能掌控呢？不掌控它，哪能超越它呢？

面对客户时，我们最需要遵守的一个销售行动准则就是：

要多点联系，不要单点联系。

如果做到这一步，无论客户是说真话还是假话，你都一眼能看出，让他无所遁形。

《论语 · 公冶长》中说："今吾于人也，听其言而观其行。"这个故事是说孔子的。孔子因为宰予"利口辩辞"对他的印象不错，但是后来他提出孔子"三年之丧"的制度不可取，认为可改为"一年之丧"。孔子批评宰予"不仁"，认为"三年之丧，天下之通丧也"。更有甚者，后来宰予大白天睡觉，不去读书听讲，被孔子骂道："朽木不可雕也，粪土之墙不可杇也。"

随着孔子对宰予的了解慢慢加深，孔子渐渐发现自己先前看错宰予了，于是他反省自己，认为“以言取人，失之宰予”。

孔子说：“始吾于人也，听其言而信其行；今吾于人也，听其言而观其行。”意思是说要想了解一个人，除了听他说的话，还要观察他的行动，看他是否言行一致。

孔子最早是“听其言，信其行”，后来“听其言，观其行”。同样，销售人员在和客户交流的时候会说很多话，真话、假话、虚话、实话，客户也一样会和我们说很多真话、假话、虚话、客套话，所以，我们不仅要“听其言，信其行”，还要“听其言，观其行”。

这个案例里，从我的经验来看，杨总和张工均未说谎，看不透迷雾的是销售员自己。张总工程师，因为他的职责所在，所以他很清晰地知道有空调采购计划。张工的依据来源是图纸，是设计院设计师的工程蓝图以及工程师和地产商的沟通，知道必定要安装空调。

而杨总说没有空调采购计划，也未必是在说谎，因为他的工作不牵涉空调的采购。或者说，即使空调的采购是归他管理，但是现在下面的工程师或者采购员们还没把采购计划提交上去，他还没看到采购计划，所以他说没有空调采购计划。

关于空调采购计划，不同的人给出“有”或“没有”的答案，看似荒谬，其实这就是销售工作的特性，这也是为什么销售的第一行动准则是“要多点联系，切忌单点联系”。你看，在这个案例中，无论你是单点去找杨总还是张工，你获取的信息都只是一家之言，都是片面的，你用这个片面的一家之言去指导后续行动，必然会必败。

其实，这个案例的真相是：

（1）房地产项目中有空调设计，所以，技术张工告诉销售员有空调采购计划，但没说明什么时间采购。

（2）杨总是管理层，由于受项目的施工进展限制，空调采购计划还没上报到他那里，或者他根本不管空调这块业务，所以他告诉销售员没有空调采购计划。

没有时间的限制，所以这两个客户的说法都是正确的，但是如果我们将其放到时间轴里，那么真话假话就能衡量了。

在销售员自己建立的销售模型里，都必然有“time（时间）”这个条件。在我前面说过的BANT销售模型里，“T”是time，就是采购时间、招标时间、安装时间、竣工时间。一个项目是必须要导入时间的，如果导入时间这个轴，那么假话就成了真话，真话就是假话。

比如，在房地产项目的竣工装修期，张工再告诉你有采购计划，那就是假话了，因为空调在竣工期前就采购完了，不可能再度采购。

同样，在项目的“三通一平”阶段，杨总如果告诉你没采购计划，那就是真话，因为这个时候还没到空调采购时间，自然不会采购空调。

销售如探案，总是依据事实慢慢去找出真相，但我们不是警察，即使我们遭遇假话，也不能由此大怒小怒、远之离之。即使客户对我们说假话，我们仍然要压抑内心的不满，继续前行。人生就是如此，我们总不能因此去打击报复他吧。

所以，不管客户说的是真话、假话、虚话还是套话，我们姑且听之、信之、顺之、从之。销售员的工作是在8小时之外的，客户在他的单位要生存、要发展，要有人缘、有前景，凭什么一见你就要说真话、实话，掏心窝？换句话说，如果真有这样的客户，你难道就会尊之、敬之？我想，最大的可能是你会怕之、疑之、骂之。

因此，销售员应对客户说的话的策略是：无论客户说什么，我都信之；但是无论是什么话，我都要验证它。

任何东西，只有经过验证，才能辨别真伪。

那么，客户的话如何验证？简单得很，多拜访与客户相关的各个层面的人，把各个层面的人的话拼凑在一起，那么是真话假话不就一目了然了吗？

销售的第一行动准则是“要多点联系，切忌单点联系”。只有多点联系，才能收集更多的信息，只有知道更多的信息，进行比对，才能确定谁在说谎。

所以，如何识别真话假话这个问题就变成了：无论是真话还是假话，我们都只当它是一个待确认信息，然后通过拜访与客户相关的多个人，尽可能多地收集信息，进行比对，验证真假。

作为一个销售，请勿妄自猜测、妄下结论，要给自己一点时间，用行动去验证它是真话还是假话。

实战案例分析三：不善言谈的人如何成为销售高手

网友问题：

您好，倪总！之前读了您的书，十分敬仰，现在有一个问题一直困扰着我，希望您能帮忙解决。情况是这样的：我在一家调味品店做业务员，这是我的第一份工作。我很卖力，但在工作中发现自己沟通能力很差，不喜欢和领导们沟通，所以跟他们的关系不是很好，同时也不会和客户沟通，不会像其他人那样会来事，这一直让我感到很压抑，现在越来越觉得自己的工作能力太差了。像我这样性格的人还能救吗？我真的不适合做销售吗？

我的分析：

其实这个问题不是个真正的问题，或者说，它只是整个问题暴露出海平面的那一部分。

我们初中做数学的时候，最重要的就是审题，将题目的真实要求审清楚了才能得出正确的答案。同样的道理，在生活里，我们会遇到各种各样的问题，假设我们能找出这些问题的本质，那么提供解决方案就变得非常简单。

这个网友的问题其实是个社交问题，表露出了两点：

（1）他不擅长和领导沟通。

（2）他不擅长和客户沟通。

这两个问题可以合并为一个问题：**没有共鸣点**。

交谈中没有共鸣，就无法愉快地沟通，无法愉快地沟通，就难以获得对方的信任，而没信任的关系都是脆弱的。

没有共鸣点，无非是这几个原因：

（1）客户说的他不理解、不认同。所以，他要多读书，增加阅历，多收集客户资料，多到客户的第一线去，搞清生产工艺、设备需求、客户的痛点、客户的亮点、采购习俗、客户的人际关系等。这些资料收集全了，还要有包容的心态，客户可能说的不是对的，但他不能完全反驳，要巧妙地指出并分析。

（2）他说的客户不理解、不认同。出现这种情况，要设计一份“产品推销演讲词”，用 FABE 推销法演绎它。要多研究自己的产品和行业知识，厚积薄发，用通俗的话把专业的知识说出来，将复杂的问题简单化、简单的问题标准化、标准的问题流水化，做到这个样子，沟通时基本上就不存在问题了。

（3）他没有在正确场合、正确时间说正确的话。

仅仅从销售工作而言，如果能做到第一、第二点，其实就可以很好地和客户进行沟通了。因为他是在客户上班时间去和他们沟通工作上的事情，这基本上就符合“在正确场合、正确时间说正确的话”。但是销售是个与时俱进的工作，没有最好，只有更好。所以，他的语言应该再精练一些，描述得更传神一些，这样和客户交流才会更舒适。这些东西都是在一次次实战中提高的。

（4）他的形象不符合客户的要求。

谁也不愿意和一个不修边幅的人谈工作，哪怕他再有创意，你也没有耐心听他说。所以，这个业务员想和领导、客户沟通起来更顺畅一些，还必须包装自己的外在形象。要知道人靠衣装马靠鞍，对人的第一印象很重要。客户在不了解他之前，只能通过他的衣着、气质来判断他，所以，他要在这方面多下功夫。

销售的过程其实就是个聊天的过程，销售是靠交流来实现买卖的，我们不要努力说服对方，而是要多以请教的方式来挖掘出对方的担忧和顾虑，判断出他的需求，然后通过例证来激发他的欲望，引起他的共鸣，当欲望不可遏制的时候，他自然就会掏钱埋单。

我以前做过河南省的一个尼龙黏合剂化工项目。我在项目现场与工作人员聊天得知，这个项目是他们在原工厂的生产线基础上放大扩建的，原工厂是 10 万吨，此项目的规模是 20 万吨。在交流中我还得知，客户的某个工段上的某个品牌的阀门老是损坏，出现内漏，1 个半月到 2 个月就要换一次阀门。

根据现场技术分析，我判断是阀门的选型有问题，于是就举证说明：山东某个地方也有一个 10 万吨的化工生产线项目，他们的生产线建成之后，由于所选的球阀阀门内件材质的原因，出现了和河南省这个客户一模一样的问题。

和客户交流后，客户同意在原厂使用我们的一台钛材球阀（价值 78 万元），如果原厂使用效果良好，新项目的工艺阀就全部采购我方的。

在这个案例中，我就采用了这个流程：**交谈→捕捉需求→确认需求→引起共鸣→例证→激发欲望→成交。**

这个流程对沟通能力较差的销售员非常有用，大家不妨试一试，并按照下面我说的方法去做：

（1）确定自己的沟通目标。

（2）沟通前精心做准备。对客户（或是领导）进行一些调查，包括他的性格、爱好、关注点、朋友圈、现在的烦恼，了解一下产品生产工艺、企业规模、设备使用情况、企业采购习惯及风俗、企业文化等。另外，还要想好自己要说的话，注意自己的着装气质，检查自己的工作包，看看名片、笔记本有没有落下，会不会用到 PPT 等。总之，要以最帅、最完美的形象出现在客户面前。

（3）交谈中要抛出自己判断出来的客户的“痛点”，看能否引起客户的共鸣。如能引起共鸣，就证明你能解决；如不能引起客户的共鸣，则继续寻找客户的共鸣点。

交流到了这个地步，你就能控制交流了。

如果是和领导、同事交流，想要有个好人缘，其实不一定非要用语言交流，比如，他到办公室早的话，可以给领导、同事擦一擦桌子，等领导刚刚到办公室的时候，给领导泡杯茶，等等。干活要让领导、同事看见，这比任何语言都更有说服力。时间久了，他们自然会认可他。

实战案例分析四：看到招投标信息，老板不同意参加怎么办

网友问题：

倪总，我想向您请教一个问题，有个医院中央空调采购项目招标，甲方预算资金是260万元，我想报名参加，但是Boss不太愿意参加，可我还是想去试试。您觉得我现在该去报名参加还是直接放弃？

我们代理的是日立，价格可能会比较便宜点，再没有其他优势。甲方是医院，招标是政府财政局招标办负责，我只是认识甲方医院的负责人赵院长。

我的分析：

这样的销售员面临选择的场景是非常常见的。

由于现在网络发达和政府的信息是公开的，一些设备采购往往是通过招投标网站公布出来，面对社会进行招标的，所以这种情况几乎每个销售员都会遇到。你没事的时候，随便搜索一下招标网站，总能发现一些自己所销售的产品的招标信息。面对商机，销售员们难免会想试一试，就如同这个中央空调的销售员一样。

以前我在公众号里曾经说过，由于所在的层级不同，眼中的世界会不一样。类似的逻辑是，由于所在公司的身份不同，面对同样一个在网络上查到的招标信息，人们的反馈也不同：

（1）销售员这个级别的，一般都会积极参与，因为对销售员而言，他代表公司参与，投标成本都算公司的，赢了则有奖金和赞扬，输了他也不用自己掏一分钱，投入回报比很高，为什么不去做？

（2）对公司老板而言，他一般都不想去投。因为一次投标，少则投入数千元，多则上万元，甚至十几万元的质保金，去捕捉一个虚无缥缈的机会，

这样的投资实在不划算。所以，面对突如其来的招投标机会，老板一般都会拒绝。

在这个世界上，你几乎看不到一个真正的肆无忌惮的嚣张之徒，因为每一个人都会受到束缚，都有顾虑担忧的地方。只不过，强者可以选择、可以挑，而弱者，没的选择，只能抓住每一根救命稻草。同样的道理，面对招标信息，不同阶层的人的反馈是不一样的，有的人不愿意去投，主要是因为成本太高，回报率太低。

那么，我们来想一想，这样的标，假设去投的话，成功率一般是多少呢？

除非合同额非常小的生意，比如单笔合同只有1万元，最多10万元，很少有人会去做关系。但凡上百万元的合同，一般而言，早在招投标信息公布前，竞争对手就预先拜访过客户了，早就做了良好的沟通。所以，你想在收尾时切入实现赢单，难度是相当大的，几乎是不可能的。

如果在中途甚至是后期参与招投标，是不是就没成功的可能呢？

也不尽然。

我多年的销售工作中，从看到招标信息安排人去投标，到最后拿单成功的也有10多个项目。不过，这些年我签订的项目合约最少有500个。这个比例非常低，可见这不是销售工作的常态。这样对信息后知后觉本来就是销售工作不到位的体现。在招投标信息都公开了的时候才得知消息，去买标书，为时已晚，其实这个时候不适合新销售员及那些控单能力弱的销售员去介入。

2014年5月，应朋友的邀请，我去新疆天山脚下休养了一番。我这个朋友在那里养羊，他也是销售界的猛人，后来和老板闹别扭了才去养羊散心。

我在6月份的时候偶尔浏览招标网站，发现伊犁下面的尼勒克县招标，我们公司的产品符合招标条件，我就临时安排销售员买标书去投标，160多万元的设备，结果我方投标失败。然后，玛纳斯县也有同种设备招标，我又安排销售员去投标，最后也失败了。

让我挽回面子的是独山子区的该产品的招标，那个招标的标书中的技术条款是我方制作的。这个事情有点巧合，我在看招标网站的时候，发现独山子区发布了招标通告，于是便安排我们公司办事处的销售员连夜开车去独山子区。这个销售员家在伊犁，从伊犁开车到独山子区需要七八个小时。他是第一个出现在招标公司的设备销售员，问了一下标书的事情，那个招标公司的大姐说招标信息发出去了，但是招标文件还没做好，因为这个设备以前都不在他们这里招，所以不知道怎么写技术条款，而业主也没给相关的详细数据。

那大姐还问我们这个销售员要电子版的企业资质和技术资料。销售员回到乌鲁木齐向我汇报了这个事情，我对他说："一定要在标书出台前再去一趟，把我们独特的技术隐晦地写进去。"事实上，在后面的一个礼拜里，这点他做到了。

于是，终于也算是中了一个小标。

以我当时浅薄的市场阅历而言，招标信息出来之后才得知项目，投标的中标率小，但是也不是没机会。所以，如果确实想搏一下的话，最好先到招标公司、业主单位去拜访一下，做个详细的调查，看看客户锁定竞争对手的意愿是不是很强烈，如果不强烈，就可以购买标书去竞标。

我们公司的新疆办事处之所以能成立，就是在得知网络上公布的招标信息后，用 7 天的时间拿下了一个 4000 万元的合同——当然竞争对手拿走的合同是 1.5 亿元。

所以，从投资回报比上来说，我不建议参与公开发布的招标信息；从个人建功立业上来说，我建议先去招标公司和业主单位做市场调查，判断确实有机会后，再下重手搏机遇。

实战案例分析五：如何把与采购员之间的浅关系发展成合作关系

网友问题：

倪总，您好！首先感谢您跟我们分享您的销售经验的精髓，我们这些基层销售多少都能从中受到启发，然后运用到实践中。我有个问题想请教您，我是做油漆的，我们公司的国内品牌，规模还可以，一年销售额几亿元。

我有个客户是上市公司，前年有个客户关系的项目正好给这个上市公司做，指定用我们的油漆，后来这个项目做完，他们也断断续续地用了点我们的油漆，但是不多。之前那个项目合作，他们的总包指定用我们油漆，当时用了三十几万元的油漆，总价不高，但我还是买了点购物券送给了采购员。考虑到该客户用量大，我多次邀请客户吃饭，客户总是不愿意单独跟我吃饭，然后我就买了点礼物给他，他收了。有一次，我听到其他人给他打电话让他过去，他好像答应了，就走了。

他大概 50 岁的样子，我 31 岁，是不是因为我们年龄差距太大，所以他总是不肯出来见我？因为这是个用量不小且付款积极的上市公司，所以我很想抓住这个客户，但是现在的这种情形，我不知道该怎么办了。

今年有个单子，他让我报价，后来说我们的价格太高，事情就不了了之了。本来我想把关系维护好，以此来得到他那边的关于价格等方面的信息，可他好像不太愿意接近我，我也不好往前推进。我现在真的非常困惑，希望倪总能在百忙之中抽一点时间帮我分析分析，我该怎么做才能跟他搞好关系，让他跟我合作，好让我来做单。

先谢谢倪总了。

我的分析：

工业社会的职业大分工，使每一个人的存在感都极大地被弱化，过去几

千年来人们都可以实现自给自足，但是现在只有通过与他人合作、与他人贸易才能活下去。就算是一个超人，就算你具备竞争优势，就算你能给客户提供他所需的所有服务，但是如果你是一个人，单枪匹马地行动的话，你还是会输。这是一个人脉重要的社会，混得好的，基本都是通过关系网来帮助自己南征北战、征服世界的。

一个优秀的企业家总是在不断地招聘人才，打造自己的中高层管理团队，使自己优上加优，战胜同业竞争者。一个销售员也应该建立能为自己谋利的人脉资源。你想让自己的事业变得更大、更强，盈利更多，就一定要让更多的人来帮助和支持你。

简单来说，销售员之所以能成功，是因为客户愿意给你机会，愿意与你合作，所以销售员和客户最起码应该是一种互动的合作关系。

从这个销售员 Dragon 所写的文字来分析，这个叫 Dragon 的咨询者和这个上市企业的采购员虽然之前合作过，但是并没有形成一个相互信任的合作关系，而是处在一个较浅的关系中。而从 Dragon 的言辞中，我发现 Dragon 是一个典型的“销售式关系创建者”。

销售式关系创建者属于“利己型”，他们在建立人脉时只想着别人能为自己做什么，只在有需求的时候才进行社交。比如，客户有订单的时候，他才会真正去客户那里嘘寒问暖。这类销售员建立的人脉很浅薄，因为那些猴精猴精的采购员早就从他临时抱佛脚的行为中解读出他是一个销售员，而不是一个工作上的朋友，采购员早就从他的不是发自内心的销售话术里解读出了他“不堪信任”。

没有信任，往往就没有很深的商务合作关系，这是毫无疑问的。

所以，本案例的 Dragon 应该这么做：工作时要有条理性、有计划。在自己的笔记本上记录每次拜访客户的时间及拜访次数，记录每次两人的谈话内容和客户的一些要求。即使没有生意，也每隔一段时间就给客户寄一些公司的新产品宣传册或新政策文件。起码保持每两月一次的电话或者邮件联系，这样客户哪怕不搭理他，但是他的付出客户还是能感受到的。客户能感受到他的诚意，一旦后期有需要的时候，他再去拜访，就不会给客户一种临时抱佛脚的虚假感觉。

一个真正的人脉建立者应该首先关注的是：自己的人和产品能为他人做点什么！

赠人玫瑰，手有余香，当你明白帮助是相互的时候，你一定会毫不犹豫地先自己付出。相反，如果一个销售员不首先付出自己的真心，又怎么能期待客户首先对他付出真心呢?

当销售员确定这个采购员是自己的职场加速器的时候，如何把他发展成一个事业合作者呢?

（1）从采购员的角度思考问题。

一个和采购员不太熟悉的销售员老是请其外出吃饭，好像采购员没有钱吃饭一样，这样的饭局结果可想而知，基本上都会被拒绝。所以，老练的销售员请采购员吃饭一般都会理由很充分，都是站在采购员的角度去看问题，帮采购员消除最大的风险，比如说“工作上有个事情想和你沟通”。

（2）思考如何能双赢，如何能帮采购员获得利益，而不仅仅是从采购员身上得到合同。

仅仅是想收获，那么别人凭什么让你有所收获？你和采购员是什么关系，他凭什么让你有所收获？你也许会说，我可以帮采购员获得利益，但是又有哪一个销售员不能帮采购员获得利益呢？有那么一大批销售员都争抢着要帮采购员获得利益，采购员为什么要把唯一的机会给你？所以，支持是相互的，你唯有真正地支持采购员，采购员才能真正地支持你。

（3）你的快乐和采购员分享了吗?

公司需要合同的时候，你去找采购员，期待他像朋友一样帮助你，但是当你快乐时，你和采购员分享了吗？当你激情澎湃地看足球比赛时，有没有想过买张票邀请采购员一起在球场上度过？

你总期待采购员像朋友一样对待你，但是你首先达到好朋友的标准了吗？

（4）朋友之间需要交流，你和采购员交流了没有？

很多销售员到采购员那里就是展现自己的产品推销话术，说一些伪装得很真诚的话，老练的采购员很快就能识破这些伪装的话，感到心寒，以至于总是冷冷地听销售员扯上几句后就把他打发走了。

销售员想和采购员建立一个很深的人脉，就应该多交流，而不是只做交易。一连串的交流能使彼此互相信任，信任能慢慢形成一种感情，信任你的人不仅仅会愿意和你合作，更会为你牺牲一些东西，这样你的销售工作会更加顺利地开展下去。

实战案例分析六：遇到客户采购，我方价格不占优势，怎么办

网友问题：

我是做水泵销售的，有个项目是某局的，但是由代建方来负责全部设备的采购。在这个风口浪尖上，甲方没有人敢出来说话，但代建方又不可能采用好的设备，他们以前采购都是用最低价采购。我们的价格很高，如果再考虑给代建方一些利润，我们的价格就是天价，而代建方是用固定价格总包下来的。我该怎么办？

我的分析：

销售员的目标是赢得订单，那么所有阻碍他们赢得订单的因素都是他们

要解决的问题。在这个案例里，显然销售员认为，价格高是影响她赢单的因素，是她要解决的问题。

这个世界是由“人 + 事 + 利用工具”组成的。

这个案例很明显，销售员遇到了“事”，但是运作“事”的人呢，这个销售员没有很明确地说明，那么可以理解为：这个销售员没有在客户甲方获得“人”的支持，所以只好去图谋“事”，但是紧接着发现“事”也不好图谋。

说得好像复杂了点，其实简单来说就是：**甲方的人没有得到销售员的好处，因此不帮销售员在总包方面前说话表态。**销售人员得不到支持，可能会丢单。

任何没有获得“人”的支持的案例都会失败，这是一个差不多正确的谬论，因此这个销售员的问题的本质在于：

（1）她可能会获得业主的支持，但支持她的人不敢表态。

（2）没有搞清采购标准，所以一定要去探明采购标准。

（3）没有理解采购流程。

所有设备代建方都可以任意低价采购吗？显然不可能，业主还是要控制质量的。

常规的做法是，重要的设备，业主自己确定品牌，让代建方代签合同；一般设备，业主和代建方共同确定品牌，代建方签订合同；无所谓的设备，业主不参与，由代建方单独采购。所以，这个销售员需要弄清楚，他们的设备属于重要的设备、一般设备还是无所谓的设备，这就是去摸清采购标准和采购流程的价值。

我们遇到痛苦的“事”了，一般问题都会出在“人”的身上。如果出现了“事”只去解决“事”，往往是治标不治本。

这个案例也是一样，表面上看是出了“价格高这个事”使销售员无法赢单，但是本质上却是销售员工作做得不到位，没有获得业主的支持，更没有利用一些手段获得对方的认可。其实，最简单的做法就是邀请客户考察她的样板工程，用产品品质说话。现在社会哪个人不想买品质可靠的产品？

我当年做矿务局的真空泵时，竞争对手的产品比我们的 ××× 真空泵便宜很多，怎么办？我弄了一台 ××× 真空泵和一台竞争对手的泵，连续运作了两个月，然后再比对参数。测试结果表明，××× 真空泵的效率高，一年省下的电费都够买一台竞争对手的泵了。所以，表面上看我是用测试结果直接秒杀了竞争对手。那么，我为什么会有测试的机会呢？是因为我已经获得客户的信任。

这个销售员在案例里说“在这个风口浪尖上，甲方没有人敢出来说话”，为什么想让业主帮她说话呢？为什么不用“事实”说话呢？

只要她获得“人”的支持，就可以创造一些“事”，这些事能使她领先，它们如铁证般，是她的支持者，让她敢于表态，使她最终赢单。

千万不要让业主当推销员，站出来帮她说：“这个女孩推销的水泵确实好，我们买她的吧。”

这不叫销售工作，而叫害人害己不成熟。

她要让业主说：“我们通过考察 A、B 两家水泵的使用情况，发现 A 厂家的产品质量、业主反馈、使用故障率等明显好于 B 厂家，虽然 B 厂家价格便宜，但是我们建设的楼宇是自己住的，我们还是倾向于质量好的厂家。”

你看，你只要创造一个考察的机会，就可以让客户支持你了，而且还会出高价。

所以，这个案例简单的对策是：

（1）通过建立样板工程的形式获得业主的认可和支持。

（2）通过邀请业主和代建方实地考察来确认她的产品明显优于代建方想

推荐的低价产品，这样以品质来规避价格战。

实战案例分析七：突遇竞争对手降价抢单怎么办

网友问题：

客户单位：某省某某奶牛发展公司

项目需求：公司畜牧设备采购

客户人员：董事长A、总经理B、第一车间主任C、第二车间主任D

客户拜访纪要：

此客户为外地商人，属于异地投资项目，客户总经理B在当地有人脉，负责公司的具体事务。车间主任C、D两人是设备使用单位负责人。前期畜牧设备的销售员拜访总经理B，经过交流，确认这个合同给销售员，金额也已经确认，此合同的金额和付款方式总经理B已经汇报给董事长A，董事长A同意签订购销合同。

现在遇到的问题：

由于总经理B在外地出差，所以B安排销售员把合同传真给车间主任C、D，让他们交给董事长签署。但是此时来了竞争对手，竞争对手每台设备比我方设备价格便宜20%，C、D两人并没将此信息告知总经理B，而是直接告知董事长A，致使本案例合同的签订停止！

现在销售员的难点：

（1）总经理B要求我方销售员再降3万元，价格与竞争对手持平，然后总经理B再去和董事长A洽谈，争取签单。

（2）我方销售员遇到的难题是我方降价3万元很困难，合同几乎没有利润，2万元尚可接受。但是只降价2万元，价格和竞争对手差不多的话，总经理B表示这个合同不一定能争取到。我方销售员最担心的是，假设竞争对手联系到总经理B，总经理B会倒向竞争对手。

求助：

我方销售员欲赢单，下一步应该制定何种有效行动方案或者政策？

我的分析：

这种情况在水泵销售行业比比皆是，比如：水泵销售员A好不容易搞定了某房地产项目部一帮人，价格和付款方式都谈好了，即将签订合同的时候，竞争对手B直接找到房地产商的老板，降到最低价，抢走合同，而销售员A竟毫无有效办法应对。

在水泵行业经常会出现这样的恶性竞争。在开周例会的时候，很多业务人员提出了自己的对策，我给予了点评。

对策：倪总，对方降价是商品降价，给公司省钱，董事长没得到好处，我觉得不如把商品降价省下来的钱直接给董事长，让董事长得到直接好处。我是这样想的。

我的点评：这不行吧，企业是董事长的私营企业，你给董事长回扣，这不是闹笑话吗？

对策：关于这个案例，我在不熟悉设备的技术差异是否存在的情况下，大胆这样分析一下：该销售员并没有做通使用单位的工作，或者做了，但没有把自己产品跟对手的差异分析出来，导致设备完全没有技术附带价值。简单来说，就像在卖白菜。按照现在这个情形，他可以出函给使用单位、总经理、董事长，告知其产品跟对手产品的技术差异，然后继续让价，这样才不会一味地比价格。而且，总经理也有说辞跟董事长争取在合理让价后把单子重新签回来。这个项目是典型的车间主任C、D被对手策反，C、D反水。如果 C、D 再跟董事长汇报对手的技术优势更明显，那就彻底完蛋了。毕竟人家是使用单位。B 想帮都没法帮。所以，销售员赶紧列明自己的产品跟对手产品技术的区别，不然就晚咯。

我的点评：判断基本接近事实了。

对策：找出竞争对手产品的劣势，做出差异化。

我的点评：实战中，这也是可以实施的招法，但在本案例中，由于时间原因，可能做不到。

对策：这种降价幅度这么大的，如果没有把几位关键人搞定，那么他们就会持中立态度，多半选择低价的。这个时候如果是面对一些只关心价格高低的客户，那么说服客户的工作已经晚了。

我的点评：看得真准！厉害，销售高手！但是没提供解决办法啊！

对策：倪总好！遇见恶意竞争的情况，最好是以恶制恶，直接将他逼到墙角。

我的点评：老大，该醒醒了，不能再醉了。

对策：倪总，我有这样一个观点：在客户质疑价格时，当我们的价格比对手高时，我们要表明产品有哪些独特优势，对客户有什么重大意义，产品有哪些价值；当我们的价格比对手低时，要表明我们的产品和对手一样，但对手产品有的功能很多余。我说得有道理吗?

我的点评：有道理，但我们要的答案呢?

对策：倪总的做法不会是先兑现承诺，后期招标只是走流程吧?

我的点评：这个没问题啊，但是现在出现了降价的新问题，如何解决呢?

对策：这个问题，实在没招了。现在我们这一行效益都不好，都在拼价格，大部分销售受阻的原因就是价格。

我的点评：好吧，勾起了你的伤心往事，算我没问。

对策：那就直接降价。买卖不在人情在，毕竟总经理 B 有采购决定权，等下一单再挣钱。但是需要处理好董事长的疑问，为什么第一次不降，怎么别人报价低了你就降了呢?

我的点评：很好的一招！很实用。如何巧妙地解释降价又是一个小小的问题，不过这些问题都不是问题。

对策：针对竞争对手降价抢单，我有一个愚见，找第三家公司，佯装进入，把水搅浑。

我的点评：非常好的策略，但是时间可能已经来不及了，因为签订合同在即。

对策：这个案例，既然单差不多可以签下来，证明总经理 B 功劳很大。我们一般的做法是，先对总经理 B 表示一下感谢，再教总经理 B 这样做：说低于 ×× 这个价格的一般都是次品，市场上没有人敢做。然后，自己找一下竞争对手的负面新闻，说其他城市的用户在使用了竞争对手的产品之后出现了负面效果。这个必须得让总经理 B 跟老板说。与此同时你要搞好与车间主任 C、D 的关系，告诉他们，上面已经确定了，如果再继续挺竞争对手的话，会得罪他们的上司，还不如在老板面前帮你说几句好话。你还要附和总经理 B 强调竞争对手的缺陷，这样可以保持你原有的价格，又可以讨好老板。如果老板还是坚持要便宜的，那日后让帮你的人使劲挑竞争对手产品的毛病。

我的点评：目前来看，这是最实用的招了。

对策：我认为客户的董事长既然同意先前的价格，那么价格就不是影响签单的唯一因素。董事长看重的是效益，那么销售员就应该准备一份投资回报比表。另外，可以让销售员的老总亲自拜访客户，这样的话，此单可成。我方先入为主，实则是领先的。假如销售员的老总有我这么厉害的话，其实亲自去一回就搞定了。

我的点评：这个方案也很实用。

对策：先造势，找出对手的弱点和失败案例，最好让客户内部的人向董事长侧面透露一下。再取得总经理的支持，和他谈谈这两层意思：如果改选其他厂家，说明总经理选得不可靠、没眼光，董事长心里会有微小的想法；能降价的话，说明总经理之前没有从公司的角度出发将价格降到最低，董事长也会有想法。总之，要让董事长觉得花钱要买个质量，让总经理觉得别因为这个事让董事长对他有想法。

我的点评：这个方案很赞，可以实行。

对策：直接找总经理，讲讲自己的产品为什么贵，然后在技术层面培养一个自己人，来说说竞争对手产品的缺点。

我的点评：想法不错，但是总经理本来就是自己人，不需要解释价格。在技术上培养一个自己人，思路不错，但如果实战的话来不及了，因为签订合同在即。

对策："风起于青萍之末，浪成于微澜之间"，该案例的销售工作没做扎实，此单放弃吧。这个案子跟人家已经出招标公示，你才去投标的情况差不多。很多事情没提前做好准备，必定会出问题，就那么回事吧。

我的点评：销售工作确实没做扎实，这是事实，但是就这样放弃，销售员心里肯定不甘啊！

对策：第一，既然是设备，就会在产品品牌、加工工艺、产品材质、设备配置、样板客户、售后服务、使用年限等诸多方面有差别，怎么可能光比价格呢？第二，销售员在拜访过程中单点接触，貌似没有和推荐人（使用人）、决策人沟通过。必须立即拜访并搞定车间主任（发个烟，吃个饭，给他们随便说说上述情况中的哪一点），告诉他们自己产品贵的原因，毕竟他们是最终使用者，考虑的是设备要操作方便，质量好。他们怎么可能会去考虑价格问题？明显是销售员工作做得不到位啊。第三，将产品贵的原因解释给董事长听。如果总经理 B、车间主任 C、车间主任 D 都帮忙说话的话，贵多少都没问题。比如，销售员可以直接跑去跟董事长A说，在某某项目上竞争对手也是如此抢单的，客户只看价格就买了竞争对手的产品，结果现在出现了很多问题。现在该项目的负责人已经准备花钱重新买我的产品了。（这个项目一定要是对手做失败的项目。董事长A可能会问竞争对手该项目是否存在，但一般不会细问。）

我的点评：一看就是实战老手，给的行动方案也很明确。很赞！

对策：这是我的个人浅见：首先，搞点价格低的厂家的具体事故案例，散布产品易出事的消息。其次，搞清楚总经理及下面的车间主任二人是否在联合做局。再次，实在不行的话，将利润分给下面的二人，不降价。毕竟以后还有机会合作的嘛。最后，以利润为筹码和竞争对手搞联合，相信竞争对手单干没有和销售员联合赚得多。

我的点评：方案有借鉴价值，但是联合竞争对手这招不可行。

对策：加强跟总经理的合作关系，毕竟董事长是外来的，再加上总经理在当地有关系，董事长肯定会听总经理的建议，那么你再找找竞争对手产品的缺陷并放大，让总经理有说辞。

我的点评：这个方案不错，但是还要看B能不能压住C、D，压不住的话，问题还是不能解决。

对策：某某公司，他们不怕降价，是项目一启动就开始砸钱，而不是回了款之后。搞定设计院，从技术上恐吓甲方，说他们如果用别的厂家，设计会不负责，出了事验收不会签字。

我的点评：这个思路很犀利，但是对这个项目而言，已经太晚了。

对策：第一，价格是肯定要降的，降价幅度要在合理范围之内，比如1万元。这个是为了总经理有说头。第二，做C和D的工作。第三，增加售前和售后服务的附加值，同时罗列出自己设备和对手设备的不同之处，以及自己设备的优势、对手设备的不足之处。这个是给董事长看的。

我的点评：非常棒的下一步行动，很赞！

这个案例暴露出的问题是：

销售员单点联系，没和使用者 C、D 联系、沟通，导致设局出现重大漏洞，使得竞争对手抓住了 C、D，通过 C、D，绕开了总经理 B，意图翻盘，给销售员带来了困扰。

这个案例给我们的启发是：

（1）多点联系，这是项目型销售必须做到的。做不到，就可能被人抓住漏洞，实施反击。

（2）仅仅上面有关系是不行的，还需要做通下面的关系。

这个案例，布局者的应对策略是：

每个问题的答案不止一个，没有最好的，只有最有效的。布局者可以根据自己公司的政策、竞争对手的 SWOT 分析、客户的客情关系，对上述的方案进行优化，把几个人的方案糅合在一起，形成一个新的方案。总之，局面是占优的，但是排兵布阵的结果一定要是有效的。

实战案例分析八：后进场者面对层层竞争，如何成功突围

一位网友对我说："倪总，那些感激的话就不多说了，我现在有一个单子，是医院的，二把手搞定了，参与科室也搞定了，但使用科室明显支持竞争对手。现在入围前三的，医院都考察过了，但没看出来倾向于哪家。大院长各种打太极，我见不到人，想搭关系也没可靠的。我应该咋办啊？"

森林里有陷阱，有竞争者，有泥潭，有障碍，这些对你来说都很重要。但最重要的却是，你知道你一定要第一个到达终点。第一名才能拥有一切，第二名无任何意义。如同在田径场上一样，人们只记住了第一名，第二名无人关注。

销售是残酷的零和游戏，果实只给第一名，赢者是站在失败者的肩上的，赢者有多痛快，失败者就有多痛苦。

这个单子很有意思，网友也太信任我了吧，把这样信息不全的案例给我，让我去分析，分明是考验我的智商嘛。我看他求教是假，看我笑话是真。

这个案例的信息是不全的，因为它没有指明或者判断出这个采购程序中各个部门及其领导的权重，也没有指明医院的采购标准，甚至都没明确大院长会不会介入本次采购。

所以，这个案例会有两个发展走向。

假设大院长不介入本次采购，那么客情金字塔图如下：

图 5-1　客情金字塔 1

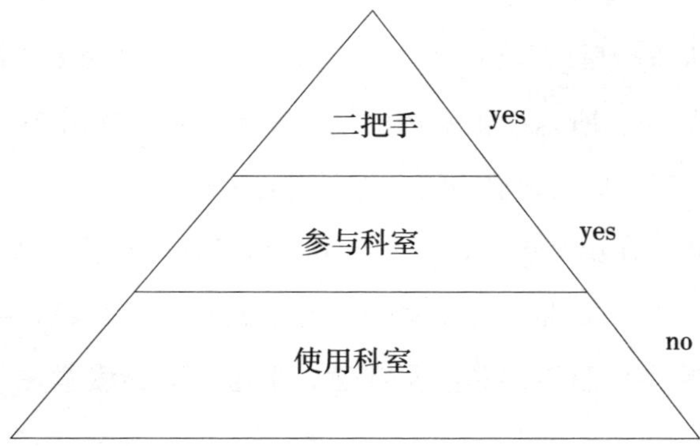

从这张客情图来看，如果大院长不参与本次采购活动，那么这个操盘手

处在领先优势中。

虽然使用科室明显支持竞争对手，但是二把手完全可以指使参与科室挑竞争对手的刺，来把竞争对手给干掉。这是很明显也很容易操作的赢单策略。

假设大院长介入本次采购，那么客情金字塔图如下：

图 5-2　客情金字塔 2

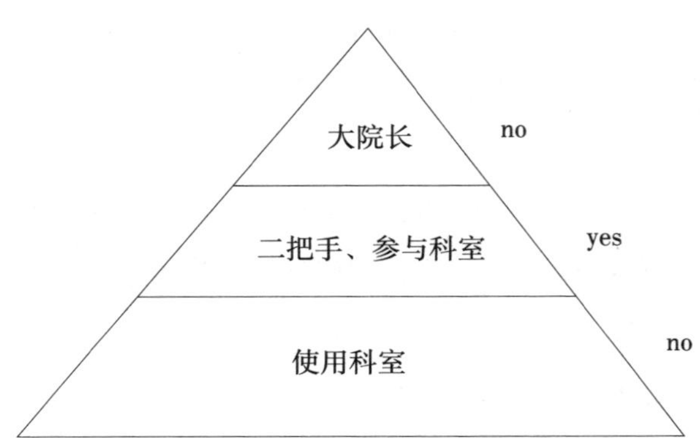

从这张客情图来看，假设大院长参与本次采购，那么这个操盘手处在丢单的状态中。

一般的销售策略里，只要是拍板人（大院长）和使用单位都赞同的，一般就是必胜的局面。所以，本案例的拐点是，大院长究竟参不参与本次采购。这个答案是可以向已经搞定的参与科室问出来的。

当能明确我方在哪个点，是领先还是落后于竞争对手的时候，就能明确竞争策略。销售员一定要铭记：**领先的时候要稳，不多事，积极把潜在危机消灭在萌芽状态；落后的时候要突破，阻止对手继续领先，继续拿更多的分。**

所以，即使本案例中大院长参与此次采购，就像前面分析的那样，我们处在丢单的状态中，但不代表一定会丢单。在这种落后的情况下，我们要做的第一件事就是：把水搅浑。

把水搅浑的目的是阻止竞争对手继续领先，把竞争对手的领先局势给强行打破。

竞争对手不增长，我方继续增长，那么胜负的天平就会慢慢向我方倾斜。

销售是这个理，人生也是如此，当你穷得一年只穿一条裤子的时候，你还按部就班地顺着人生轨迹发展，那么在此生的末端，你一定会悔恨错过很多。所以，穷则思变。

我有一个做水处理的朋友，他是近几年才开始创办水处理公司的。我问他：“你是市场后进者，你怎么能突围出来，获得自己想要的？”

他说：“现在我相比竞争对手而言是落后很多，按常规发展我必死无疑，所以，我超常规发展，从而换取超常规结果。”

实战案例分析九：如何赢得客户领导的欣赏和支持

网友问题：

倪总，冒昧地问一下，男性销售如何搞定一个女性关键人？

我的分析：

首先，这不是一个好问题，因为背景交代得不清楚，比如这位女士的籍贯、年龄、受教育程度、婚姻情况、家庭情况，在公司的传言，性格是柔弱还是强势，公司的盈利情况，行业情况，对生活的满意度等。交代了这些背景情况，我们才能判断其思维模式，总结其需求，对症下药。而销售员如果能了解这些情况，那就能如春风细雨般悄然无息地获得她的欣赏，以及她对销售工作的支持。如果没有这些明确背景，那都是瞎猜测。

其次，这位销售人员的心情我能理解，但是他的用词却不是很到位。一般而言，一个底层很难把一个高层“搞定”。“搞定”一词比较凌厉和强悍，它适合于销售的布局控局方面。其实，一个底层销售员想征服或者“搞定”一个客户高管，是相当难的事情。你一个销售员掌握的资源有限，甚至你的资源客户都看不上，你凭什么能把客户的高管征服或“搞定”呢？

所以，针对销售工作中客户的各个阶层的人，销售员最好用“接近”“满足”“获得欣赏”“得到支持”等这样柔和的词来描述自己的销售作战思想。比如，这个问题可以转化为：

男性销售员如何获得一个女性关键人的支持？

想获得某人的支持，必须对某人的背景有所了解。“尺有所短，寸有所长”，在某个特定的背景下，你说不定有客户高管需要的资源，从而吸引高管，获得她的支持。在销售工作中，一个漂亮的女销售员往往能获得客户的男性工作人员的肯定，而一个勤奋踏实的销售小伙也能获得客户的底层人员的普遍赞赏。

一般而言，客户的高层都很在意风险，很在意投资回报比，而客户的底层，他们还不太明白这个社会的运转逻辑，都还相信和欣赏那些勤奋、真诚的销售人员，接受他们的小恩小惠。客户的底层还没有感受到社会权力的魅力，所以心向往之，但是不具有坐在权力位置上的人的思考习惯。

可以很明确地说，权力者的思考排序应该是这样的：

（1）你是谁非常重要。

你的位置比权力者越低，权力者就会越无视你。所以，销售员尽量把自己的职位给包装一下。如果是普通销售员，就说自己是销售经理；如果是销售经理，就说自己是区域销售总监。这样的浮夸风气在销售实战中为什么那么盛行？就是因为人们喜欢遵循“组织对等”原则，通过职务上的一点虚夸，销售员可以和客户更高层的人进行合作。这也是社会进化的结果，只有强强才能合作，强弱之间只能是征服或看不上。

（2）风险点。

客户高管的位置决定了他的一些决策会具有一定的风险，如果他的决策让企业或者公司获得明显的好处，那么毫无疑问，这些好处一定会转化成这个高管的职位资本和工作实力。这就叫“捞业绩”。相反，如果说他的某一个决策损害了企业或者公司的利益，那么客户的内部一定会议论纷纷，甚至他的竞争对手会攻击他，从而动摇他的位置。这就叫失策。

所以，一个高管对风险管理非常敏感。我有一个朋友，他是某国企集团的总经理，某一个周六，我搭他的顺风车返回省城。开车途中，由于是周末，大家心情都比较愉悦，他的司机也参与了我和他的一两句对话。他当时没说什么，但周一就把他的这个司机给换掉了。因为对他而言，他的司机必须是一个哑巴。

（3）投资回报比。

如果一件事情的风险是可控的，或者说风险是可以承担的，那么客户的高管就会计算这件事情的投资回报比。如果他发现这件事情是对他有益的，他则会支持这件事情；如果他发现这件事情不合算，他则会拒绝，对这件事情说不。

这三点是客户的高管或者说社会上所有掌握资源的权力者共同的思维模式，只要满足这三点，一般就能在战略上使客户的高管支持我们。但是在实际的工作里，我们可能还需要增加一点人情世故的因素。一个善于处理人情世故的人，往往能让事情朝着有利于自己的方向发展，但是一个不会处理人情世故的人，可能会使自己的销售工作停顿。

譬如，我所在的销售团队中有一个销售员，他负责河北某某钢铁集团的项目。他在收集客户信息、接近客户、宣传产品、与技术人员交流等方面都做得非常好，且正巧在客户现场时，客户正在使用的设备出现了故障，生产受到了影响，客户的技术部、采购部提出要和他签订合同。于是，这个销售员就等这个合同，一等就是两个礼拜，没有任何消息。销售员打电话过去，集团的采购员要么说领导不在，要么说采购申请已经提交了，但领导不在，没办法批下来。

销售员很着急，打电话问我如何突破。

我就问他："合同为什么会停顿？一方面说跟我们签订，另一方面又迟迟不签订，这是什么意思？"

他表示想不出。

我接着说："合同出现停滞这个事情，一般都是客户不太信任你，怕你不懂江湖规矩，使他的工作如猪咬尿泡空喜欢一场。你晚上给这个采购员打电话，一定要彻底打探清楚客户究竟在担忧什么，然后满足他！"

销售员心领神会，在两次的晚上电话沟通中，终于和客户达成共识，顺利签订了一份高质量的合同。

因此，要找到问题的关键所在，对症下药，才能"搞定"客户的高层。

实战案例分析十：遇到客户骗吃骗喝怎么办

我去网上其他社区闲逛，偶遇一个网友。他苦恼地说："我有一个客户，在公司属于操作层，一直借口谈事让我带他去桑拿房，好几次了，花了不少钱。包括之前我给他送的礼，七七八八加起来都有 1 万多元了。现在我没完成业绩，不能报销，自己工资又低，已经请不起客户了。我想请教大家，如何对待此类客户。"

这个世界，只要你还混在滚滚红尘，只要你还没被生活彻底打败，只要你还未迟暮老朽，总会怀有欲望，伴随欲望而来的就是无尽的烦恼。

欲望有多少，烦恼便有多少。我们看待社会、万物，不要只看表面，要看本质，只有看本质，才能看懂表面。

这个案例在生活中经常能见到，这个骗吃骗喝的客户固然可恨，但是难道销售员自己就没问题吗？

一件事，我们看的角度不同，对它的理解就不同。从销售员的角度上说，他觉得自己很冤枉，遇到了一个坏客户，但是从一个销售领导的角度来说，选定的客户没好坏之分，而销售员却有优劣之分。

一个合格的客户应该符合“MAN 法则”：有钱，有权，有需求。

那么请问，这个骗吃骗喝的客户，他有权决定购买你的产品吗？他有钱购买你的产品吗？他需要你的产品吗？

这三个问题，如果集中在一个人身上，花再多的钱也是值得的，因为这就是投资，投资在了有价值的人身上。

但是，如果这三个要素他都不具备，或者只具备一两个，那么只能说明一件事：这个销售员连基本的判断什么样的人是客户的能力都没有，被骗也不奇怪。

无数个销售员都是靠自己的本能去销售的，所以，在真正的职业销售高手眼里，这样的销售员和傻子没什么区别，与之同台竞争，分分钟秒杀。

假如你问一下这个销售员：“你为什么请这个客户吃饭？”

不管这个销售员怎么回答，其实都改变不了一个事实：这个销售员感觉这个客户能帮他赢单，所以才去请这个客户吃饭的。

但是，请了他几次之后，销售员发现客户除了骗吃骗喝外，并不能保证他能赢单。

于是，我们就得出了一个结论：

你之所以被骗，是因为你自己的信息不准确，你自己固执，偏听偏信自我猜测，妄作判断。苦酒是你自己酿造的，只能你自己来喝。

为什么信息不准确？因为他单线联系，获得的消息不充分，无法形成正确的判断。

我以前在微信公众号里分享的时候，专门写了一个标题：“销售，切忌单点联系，要多线共进”。做到这一点，天下客户皆是你的。任世间纷纷扰扰，你都能如闲庭信步，不会上当受骗。

后　记
新经济时代，愿你成为真正的销售大神

我们生活的社会，是相互关联、高速变化且竞争异常激烈的。不断的变化和不确定性使传统的“一招鲜吃遍天”失去了效用，昨天你还为找了一份在高速公路收费站收费的稳定工作而自我满足呢，现在就看到全国都在改造人工收费站，ETC 提供了便捷，同时也造成了无数人下岗；诺基亚、摩托罗拉曾在手机市场创下了无数辉煌，而当智能手机推出后，它们就不得不淡出历史舞台……所以，无论是个人还是企业，面对技术快速迭代、信息无处不在、竞争异常激烈的社会现状，都必须与时俱进。

历史的浪潮将我们推进了全民销售时代。你会发现，随着客户在线化、产品在线化、支付在线化，销售的场景也越来越偏向在线化，而且在疫情出现之后，销售界出现了非常明显的三个变化：

变化一：卖家谨慎

某当红主播，曾在 2020 年 11 月 1 日的单场直播中，创下了商品总销售

额 18.8 亿元的纪录，可以说是直播带货界中大佬的大佬。然而在同月，在直播中下单购买其推荐的燕窝的某消费者，在直播间中投诉说产品成分不实，负责直播间的网管不但没有回复、处理，还直接封了此消费者的账号。消费者不服气，录了段视频传到网络上，结果引来职业“打假人”进行调查。几天后，“打假人”在微博晒出检测报告，证明该燕窝产品为糖水。11 月 27 日，该主播就“燕窝门”道歉，并提出先行赔付约 6200 万元的方案。12 月 8 日，该主播被市场监管局正式立案调查。没过多久，该主播的账号被封杀。一夜之间，楼塌了。

当信息不对称，信息掌握在销售方手里的时候，买家会很谨慎，因为信息少，所以要货比三家，即使如此，消费者还是担心上当受骗。但是，随着时代的进步和各行业的进化，现在信息唾手可得，消费者能快速、专业地获得产品信息、行业信息以及其他知识，那么销售方还想利用信息不对称来坑蒙拐骗客户，几乎不可能了。尤其是现在互动平台繁荣，使消费者还掌握了另外一种力量——平台举报。

如果消费者觉得自己购买了假冒伪劣产品，在投诉无门、讲理无用的情况下，势必会在网络平台上诉说自己的遭遇，而这种投诉总能引起一些同样上过当受过骗的消费者的共鸣，再加上吃瓜群众的推波助澜，足以让一个行业的巨无霸倒下。所以，消费端已然由买家谨慎变成了卖家谨慎。

变化二：品牌 + 传播形成强大效应

过去常说“酒香不怕巷子深”，但现在这个快鱼吃慢鱼的时代，酒香就怕巷子深。现在各行各业都在整合资源，都在进行创新，一个好东西，如果不能快速地走出去，那么可能来不及长大就被竞争携资本的力量给收购了或封杀了。如今，商品全球化，信息极度过剩，产品贵在质量，品牌重在传播。产品做得再好，如果企业没有一个系统的传递传播体系，自己的产品信息就会被市场中各式各样的信息所覆盖，从而阻碍企业的发展。

有多少公司或企业能在创业的第一年销售额就达到10亿元？

我想，别说中国，即使是全世界范围内，这样的公司或企业也是凤毛麟角，但是，故宫做到了。故宫的工作人员应该说是非常没有商业基因的，故宫的品牌形象也非常固有，一直是严肃的、皇家的，但是在2015年，故宫在淘宝开设了周边产品店铺，各种“萌萌哒”设计，不仅改变了消费者对品牌的固有认知，更带来了一年10亿元的销量额。究其原因，就是他们巧用了品牌+传播效应。故宫共设计了1万多种文创产品，每一款或可爱，或高雅，或充满萌趣，吸引了大量年轻人，他们自发地在朋友圈晒或者转发，形成了非常强大的传播力，从而推动了销量。

拼多多更是一个将传播力应用到极致的平台，通过“帮砍”和“拼团”等高传播力的活动，创立仅仅3年，单日销售额就达到了1亿元，并成功上市。

这就是新经济时代传播力的价值。

变化三：场景体验为王

你为什么每天手机不离手？为什么每天都打开微信、支付宝几十次？为什么天都快亮了你还在刷着抖音、微信和今日头条？你为什么吃饭时喜欢用美团、饿了么点餐？出差买机票时，你为什么毫不思索地点开携程、去哪儿网？出门打个车，你为什么看到出租车也不再像过去那样招手了，而是静静地等滴滴司机？无一例外，都是因为方便，你已经习惯了这种生活场景，所以你按照习惯、按照惯性生活着。

用户一旦养成了某种习惯，你再让他转换成另一种就很难了。譬如，我个人喜欢玩网络游戏，有时候会去看游戏直播，时间长了就专门看某一个主播的直播，如果这个主播停播，我最多是四处转转，但是绝对没有心情再看别的主播直播游戏。习惯很难改变，要改变，成本也是非常大的。所以，现在的商业环境中，几乎各行各业都在寻求在某个特定场景之中让消费者选择自己的方法。假设你开了一家理发店，如果你能让你的客户养成在理发的时候自动想起你的店的习惯，那你就是最成功的销售了。

大致来说，有三条路径可以培养用户场景使用的习惯：

（1）不断解决用户的痛点，节省用户的时间。支付宝和微信就是最典型的例子，它们不断跨界进入各类服务场景，比如生活缴费、信用卡还款、快递查询、医疗健康、车主服务、共享单车等。这些应用不但节省了用户的时间，也解决了用户查询、排队等候的痛点，慢慢让用户形成依赖。盒马鲜生、小米社区、大悦城都是利用这个规则来培养用户使用习惯的，直至让用户成为习惯，形成惯性选择。

（2）利益驱动。支付宝和微信为鼓励用户使用，在支付时会给用户发红包。滴滴和共享单车为了鼓励用户使用，会发放补贴。统一、可口可乐、东鹏特饮、星巴克、肯德基为了让用户重复消费，会给用户发积分或者提供抽奖机会……这些都是用利益驱动，培养用户重复购买产品的动力。

（3）填补用户碎片化无聊时间。人在某些场景下是会精神空虚、感觉无聊的，譬如上下电梯的几分钟，上卫生间的几分钟……如果人们不看本书，不刷手机，就会觉得时间难以打发，非常空虚无聊。如果你的产品能填补这些空虚无聊，就可以抢占用户的时间。

面对卖家谨慎、品牌 + 传播形成强大效应和场景体验为王的销售新变化，销售人员必须与时俱进，用全新的 S1651 赢单体系来更新自己的销售技能，打赢销售这场战斗！

沃伦 · 巴菲特曾经说过：“如果你把我随意丢在孟加拉国、秘鲁或是其他地方，你会发现，我在这些异乡土壤上也能发光发热。”

是金子在哪里都会发光，是人才在哪里都能凸显。从销售的角度说，哪有什么怀才不遇，只有你不懂对方的真实需求，你能给的不是对方所要的。你即使在某一方面才华惊人，但如果这才华不是对方所需的，那你在对方眼里也是个没有价值的人，也不能把自己的产品卖个好价格。

S1651 赢单体系既体现了项目型大客户销售的大局观、全局观，也是竞争取胜的策略，更是销售员每日工作所要用到的战术、技法。

每当你解决了一个烦恼，你就多了一分智慧，解决的困难越多，你的智慧就越多。“书读百遍，其义自见”，你多跑客户、多遇问题，量变就会带来质变，你自然就会悟出道理、得到经验，最终拥有一套有自己特色的销售方法论。

特别感谢此书的策划与编辑老师，在这本书成书的过程中付出了极大的努力。感谢销售精英社群里的小伙伴们，为我整理了很多真实的案例；感谢社群里 2 万名销售同人为本书的内容集思广益。

本书截稿的日子恰好是我 46 岁生日，所以它是我送给自己的礼物，也是我送给所有跟我一样怀揣梦想、不忘初心、仍在奋斗的销售同人的礼物。

我出身农村，是典型的寒门子弟，曾经患过口吃，不自信，不知道自己的路在哪里，是销售的经历让我改变了命运。所以，我很感谢销售这个行业。我更感谢自己这 22 年从事大客户销售的经历，是它让我总结出了这一套全新的 S1651 销售赢单体系。我希望这套体系能够帮助更多的人，去改变他们的命运。

销售是一个紧随时代不断迭代的行业，在准备出版新书的日子里，我也注册了抖音号（倪建伟）。之后，很多关于销售技能和新思路的总结，我如不能及时整理成书，也会将内容发在这个抖音账号上，希望能够帮助更多人实现思维和技巧的迭代，感兴趣的读者可以关注。希望在这个全新的经济时代，我们每个人都能成为真正的销售高手。

图书在版编目（CIP）数据

赢单/倪建伟著. —北京：九州出版社，2022.12
ISBN 978-7-5225-1479-6

Ⅰ.①赢… Ⅱ.①倪… Ⅲ.①销售－方法 Ⅳ.①F713.3

中国版本图书馆CIP数据核字（2022）第224683号

赢 单

作　　者	倪建伟　著
责任编辑	周红斌
出版发行	九州出版社
地　　址	北京市西城区阜外大街甲35号（100037）
发行电话	（010）68992190/3/5/6
网　　址	www.jiuzhoupress.com
电子信箱	jiuzhou@jiuzhoupress.com
印　　刷	北京联兴盛业印刷股份有限公司
开　　本	700毫米×980毫米　16开
印　　张	15
字　　数	190千字
版　　次	2023年2月第1版
印　　次	2023年2月第1次印刷
书　　号	ISBN 978-7-5225-1479-6
定　　价	68.00元